THERESA HÄKELT

THERESA HÄKELT

Theresa Kirchner

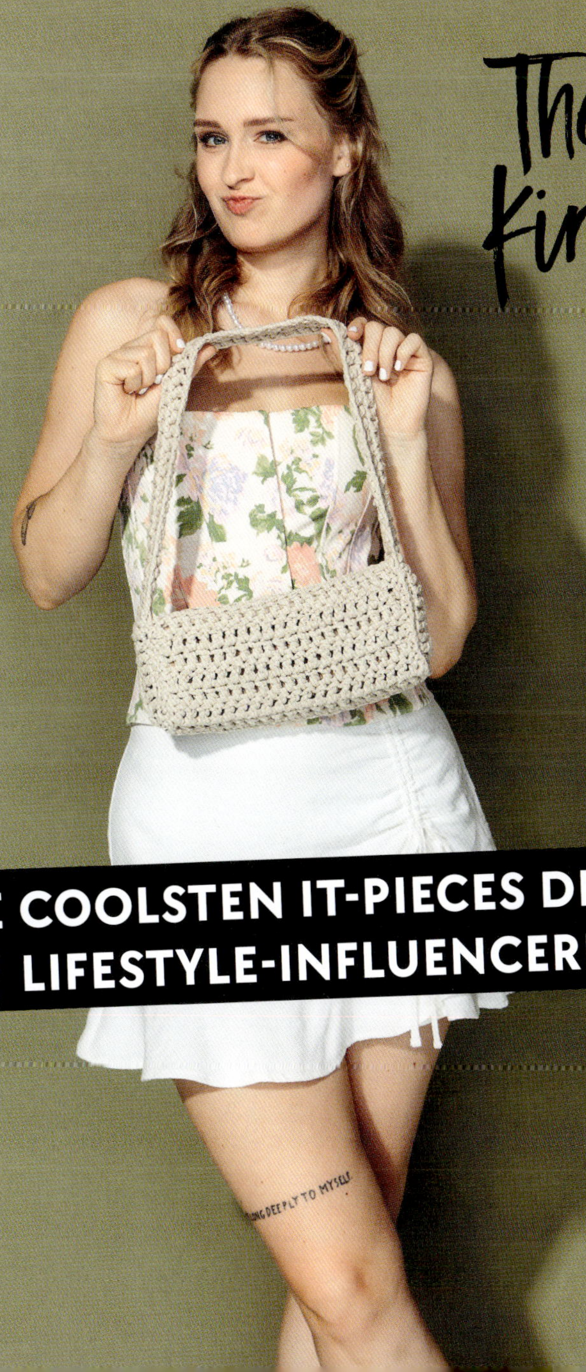

DIE COOLSTEN IT-PIECES DER LIFESTYLE-INFLUENCERIN

INHALT

MODELLE

SCHWIERIGKEITSGRADE

schnell & einfach

braucht etwas Übung

für Fortgeschrittene

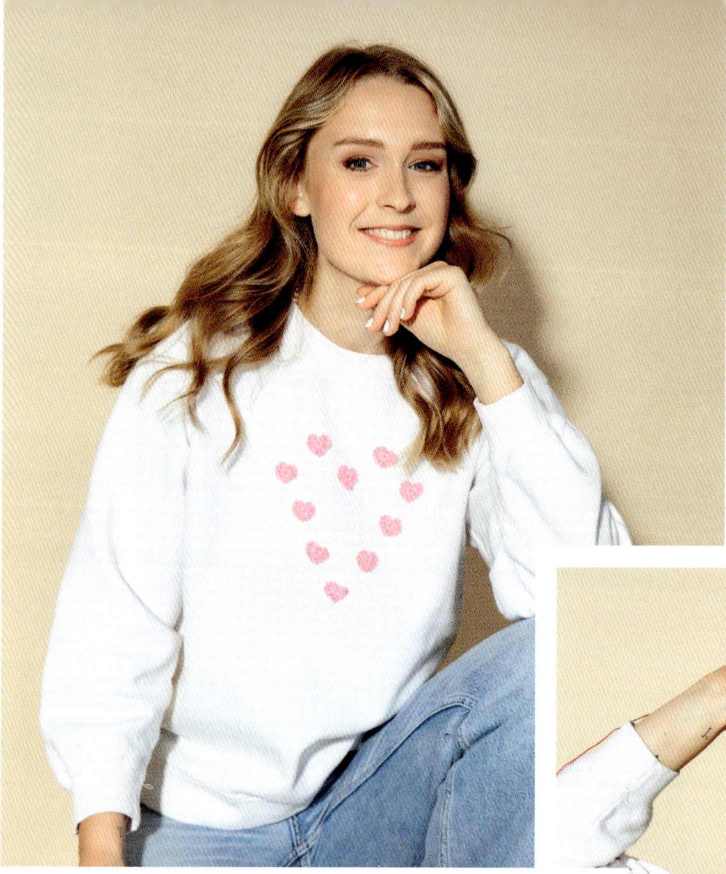

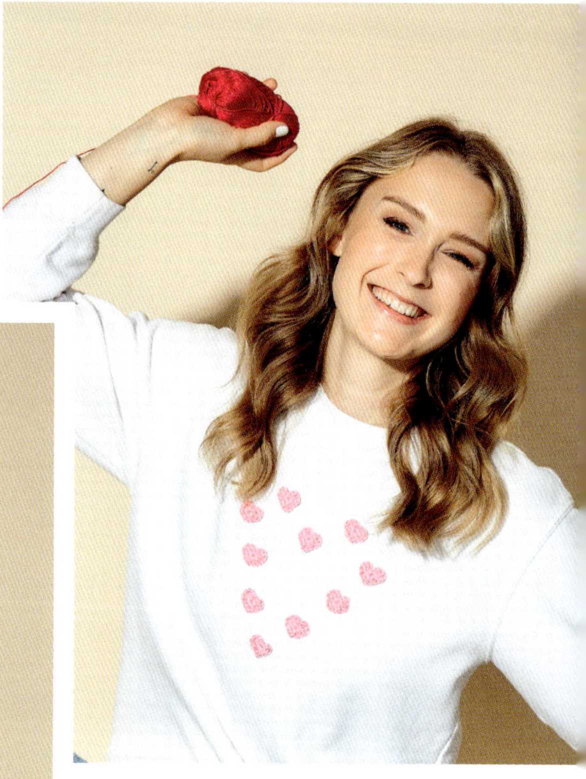

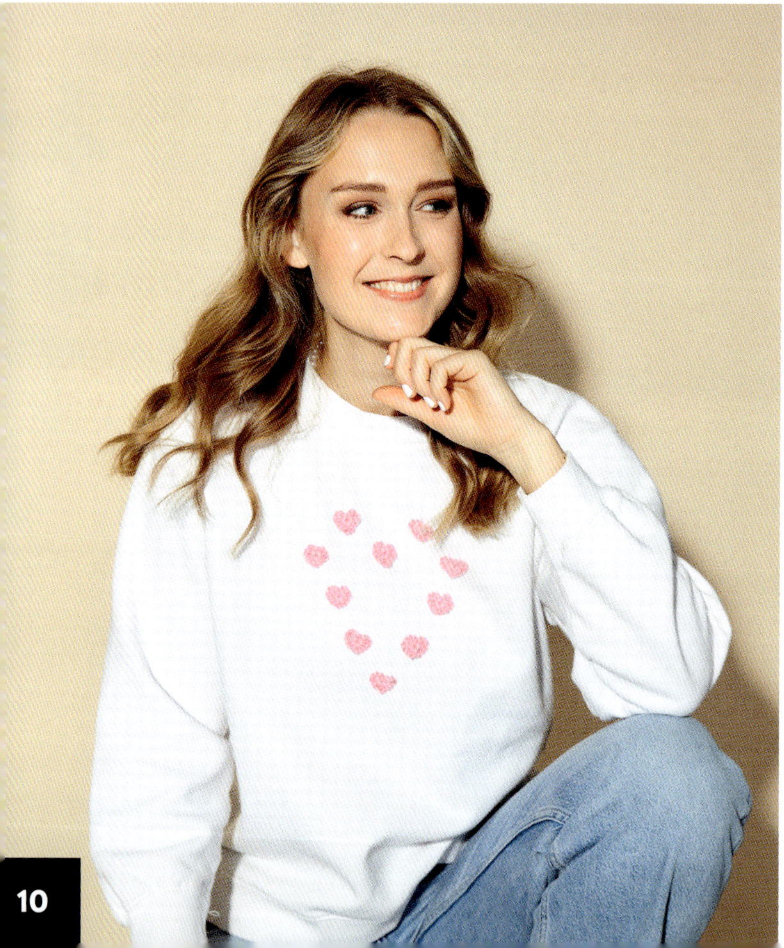

VORWORT

Hi, ich bin Theresa.

Auf meinen Social-Media-Kanälen dreht sich alles um Lifestyle, Trends, DIYs und das für mich schönste Hobby der Welt: Häkeln. Seit ich 16 bin, habe ich das Häkeln für mich entdeckt und mittlerweile ist es sogar Teil meines Berufs.
Ich mochte dir mit diesem Buch zeigen, dass Häkeln nicht nur was für Omas ist. Häkeln wirkt auf mich therapeutisch und unglaublich entspannend. Ganz nebenbei gibt es mir außerdem die Möglichkeit, kreativ zu werden und meine eigenen Klamotten herzustellen oder aufzuhübschen.
In diesem Buch verrate ich dir einige meiner liebsten und coolsten Häkelprojekte – ganz einfach mit Schritt-für-Schritt-Anleitung zum Nachmachen. Absolut nachhaltig und null Prozent omahaft.
Jetzt wünsch ich dir ganz viel Spaß mit deinem neuen Hobby.

Deine Theresa Kirchner

www.tiktok.com/@theresakirchner

www.instagram.com/theresakirchnerr

www.youtube.com/@TheresaKirchner

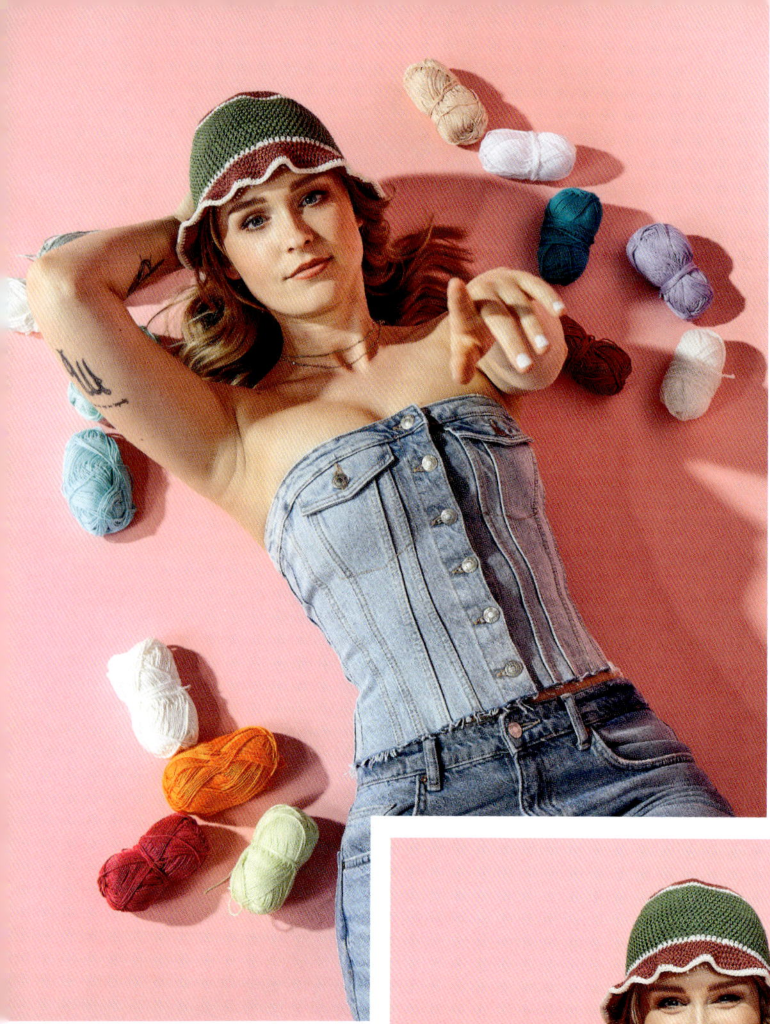

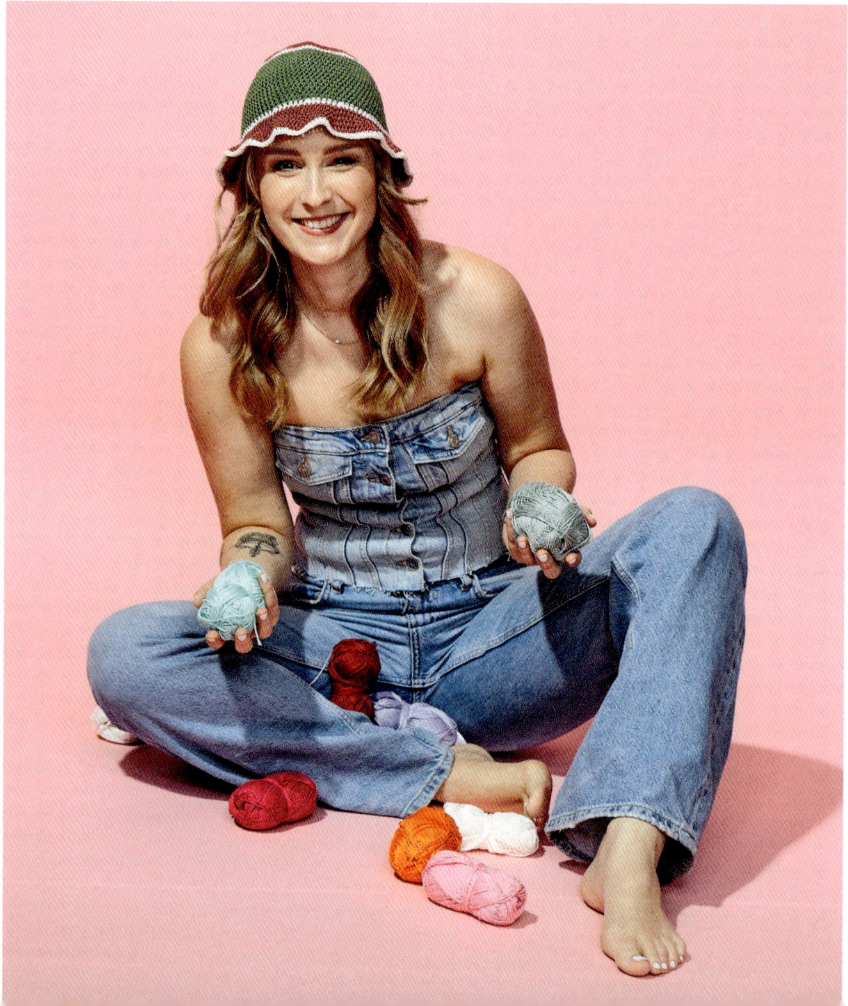

HÄKELTECHNIKEN

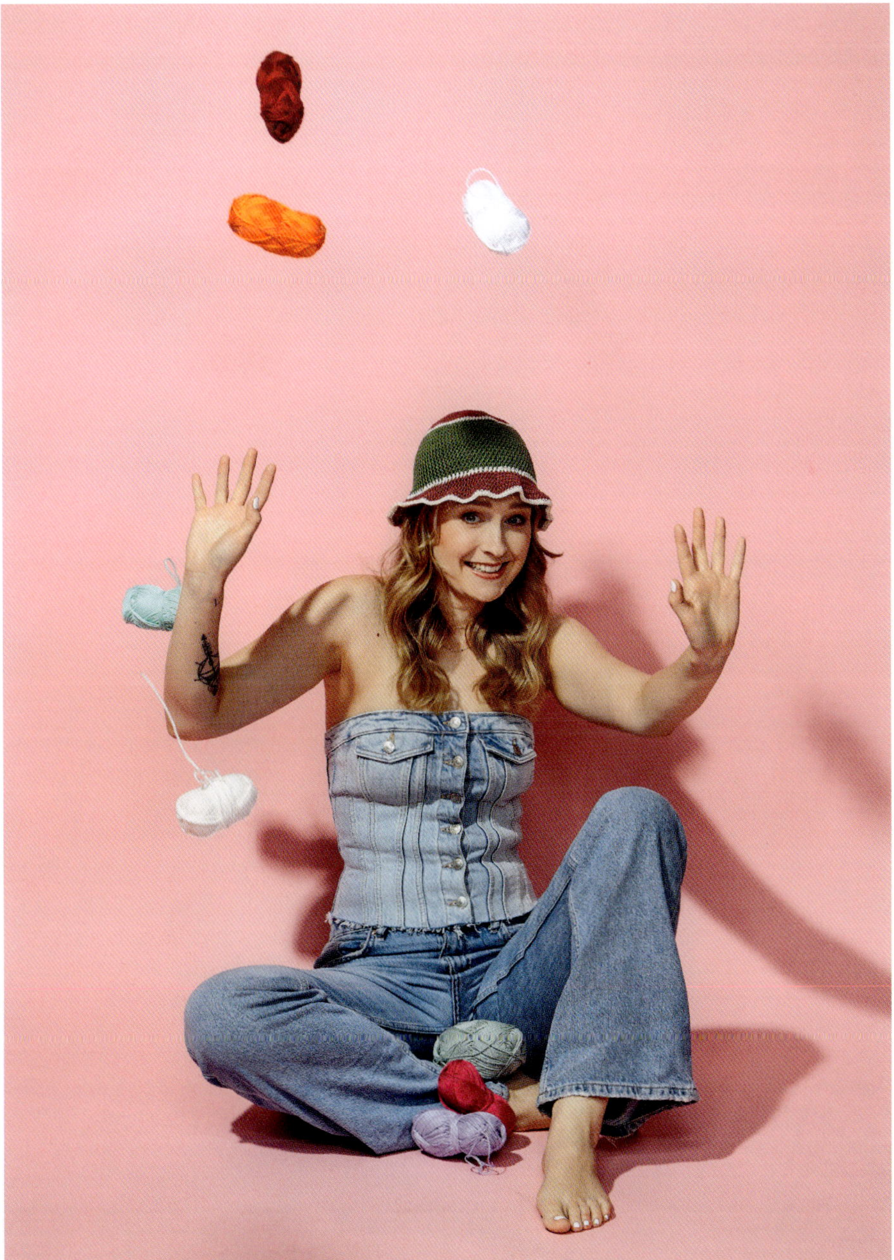

ANFANGSSCHLINGE

1 Lege das Fadenende zu einer Schlaufe.

2 Greife mit zwei Fingern durch die Schlaufe und fasse den langen Faden des Wollknäuels.

3 Hole den Faden durch die Schlaufe, halte dabei beide Fadenenden fest, sodass sich der Knoten um die Schlinge, die du durchziehst, zusammenzieht.

4 Führe die Häkelnadel in die Schlinge …

5 … und zieh die Schlinge fest.

1

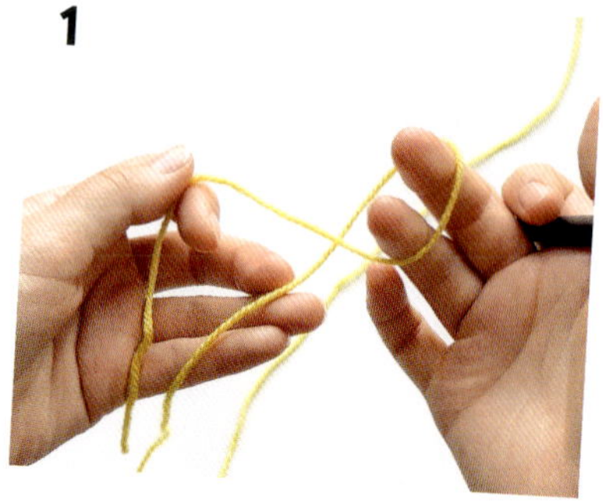

2

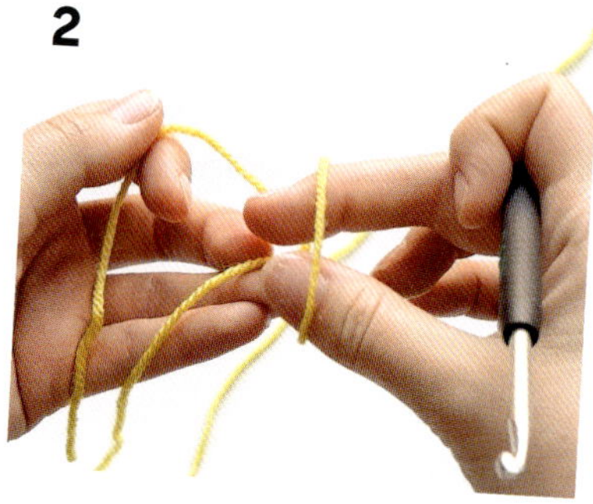

3

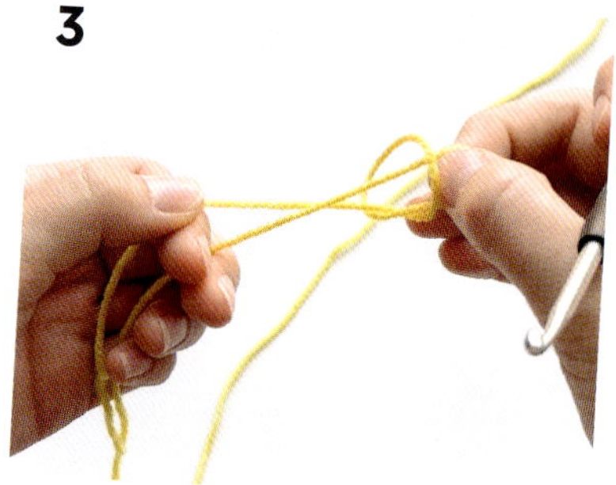

4

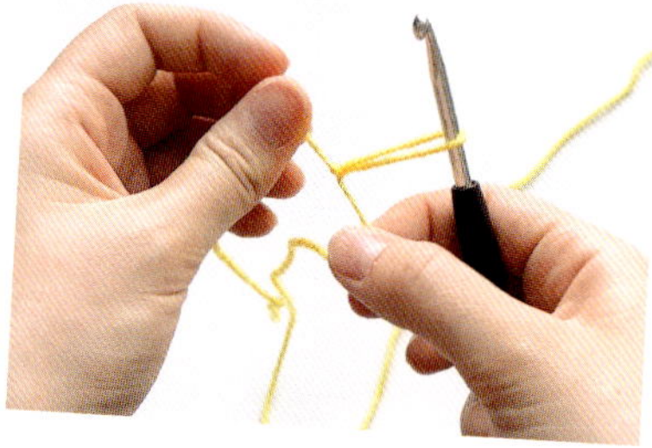

5

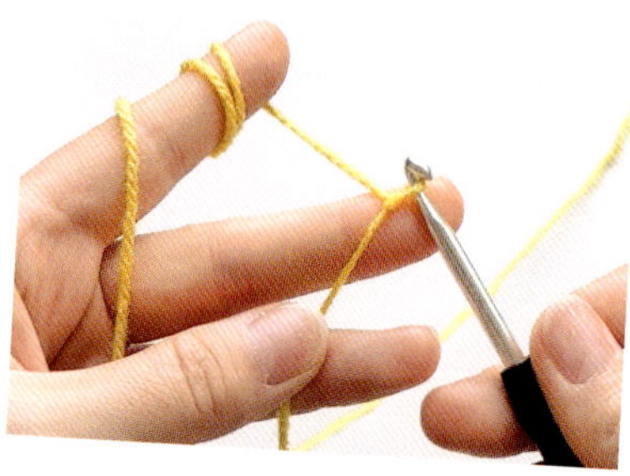

1

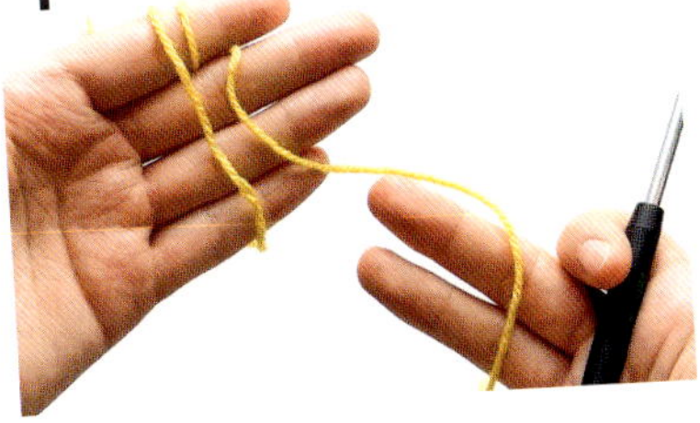

2

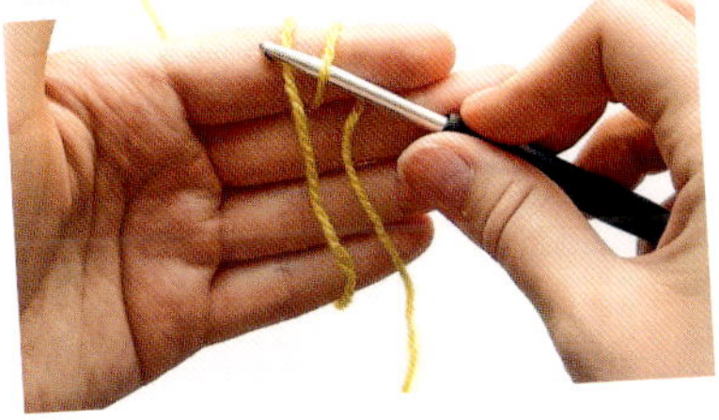

3

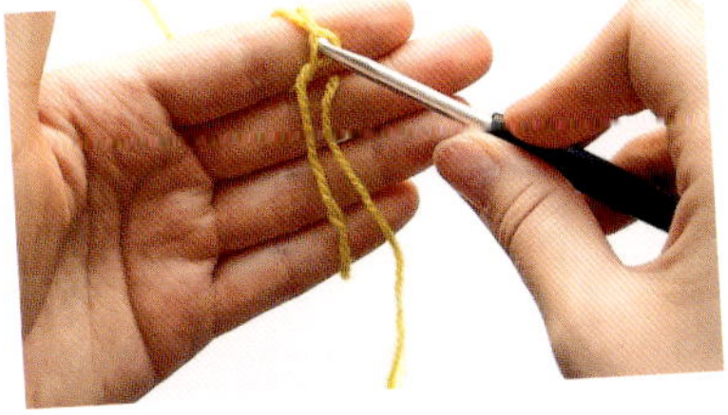

4

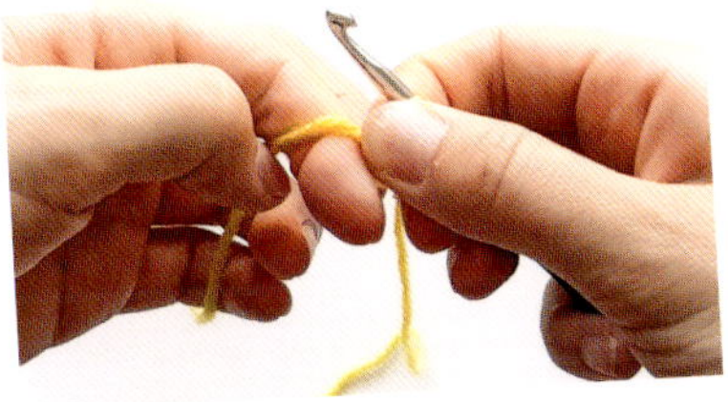

5

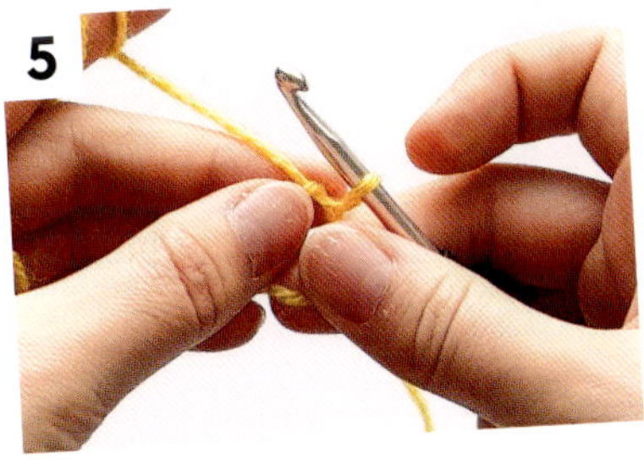

6

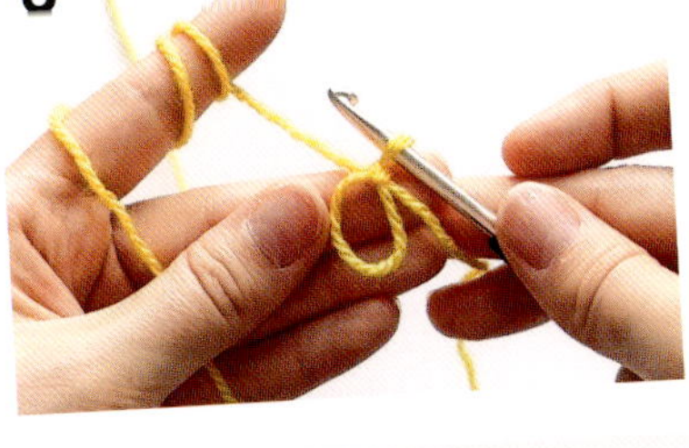

MAGISCHER RING

1 Wickle den Faden zweimal von unten nach oben um deinen Zeigefinger.

2 Führe die Nadel durch die obere Schlaufe …

3 … und zieh die untere Schlaufe durch.

4 Streife die Schlaufe vorsichtig vom Finger.

5 Dreh die Schlaufe leicht ein, damit der Faden überkreuzt.

6 Häkle 1 Luftmasche. Fertig ist der magische Ring.

LUFTMASCHE

1 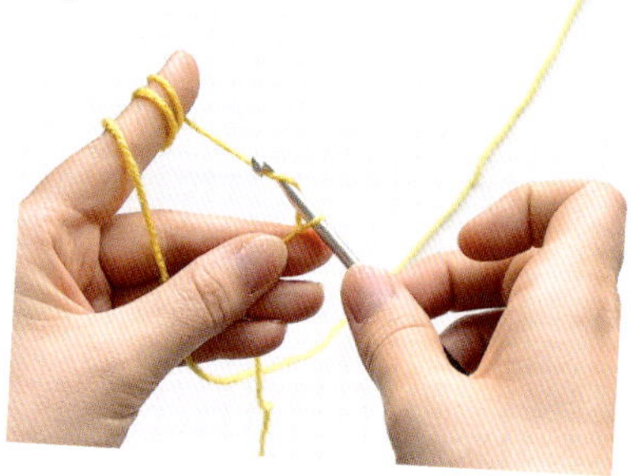

2 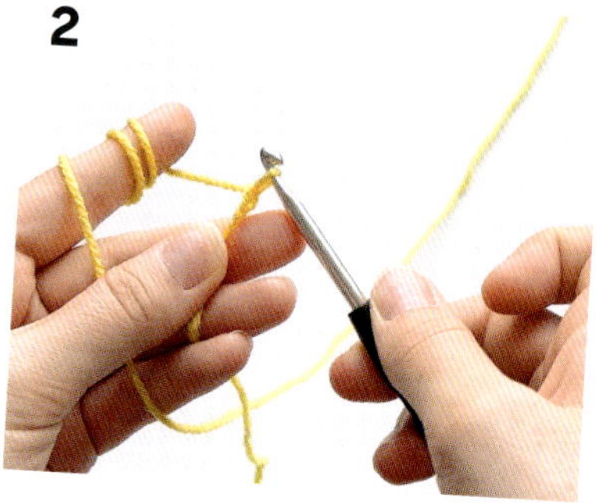

3 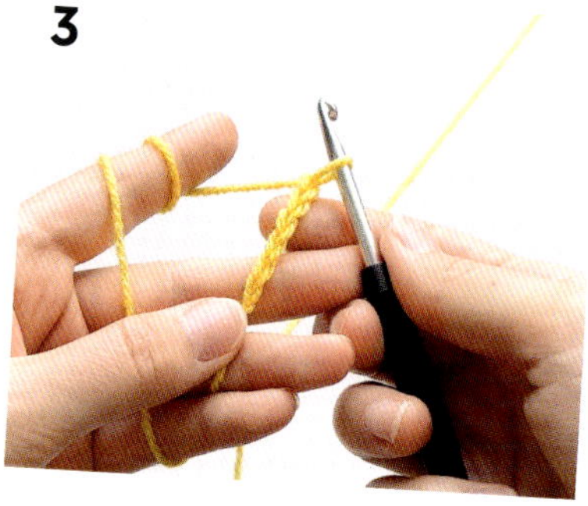

1 Halte den Faden unter der Anfangsschlinge fest und hole den Arbeitsfaden mit der Nadel.

2 Zieh den Faden durch die Anfangsschlinge und schon hast du deine erste Luftmasche gehäkelt.

3 Wiederhole Schritt 1 und 2, um eine Luftmaschenkette zu häkeln.

FESTE MASCHE

1
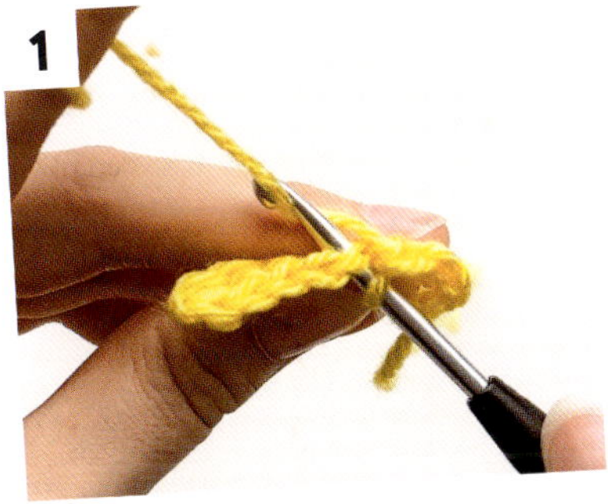

2
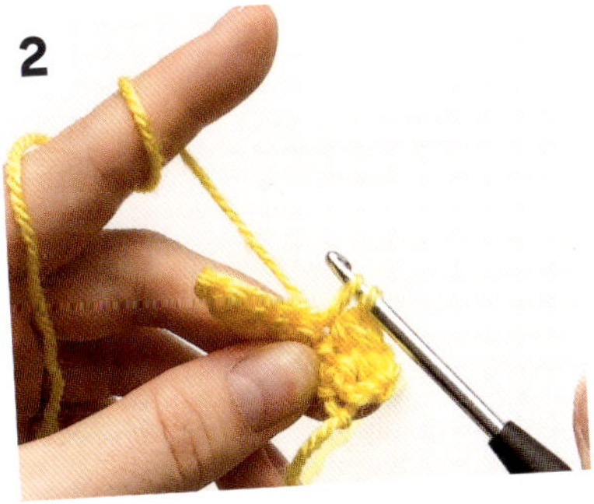

3
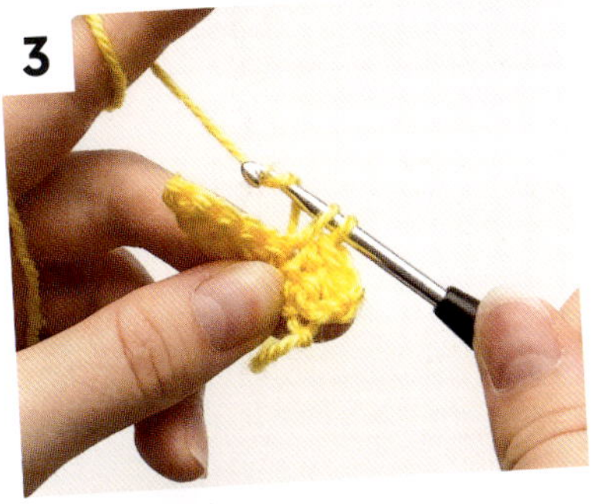

4
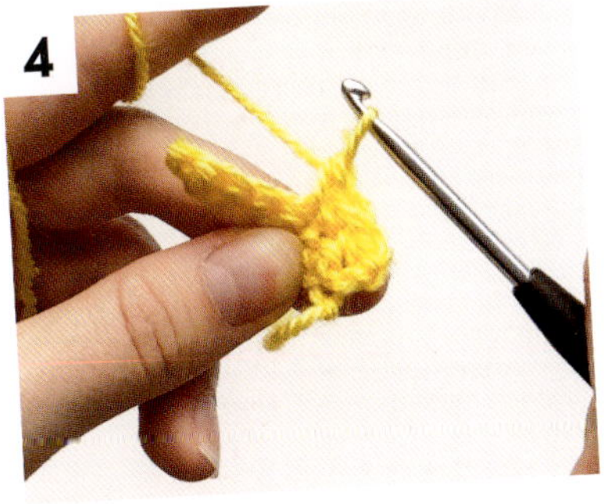

1 Stich so in die Masche ein, dass 2 Fäden auf der Häkelnadel liegen und 1 Faden unter der Nadel. Hole den Arbeitsfaden.

2 Zieh den Faden durch, sodass 2 Schlingen auf der Nadel liegen.

3 Hole den Arbeitsfaden erneut …

4 … und zieh ihn durch beide Schlaufen auf der Nadel. Fertig ist die feste Masche.

KETTMASCHE

1 Eine Kettmasche häkelst du, um eine Runde zu beenden. Wenn du am Ende einer Häkelrunde angekommen bist, stichst du die Nadel in die nächste Masche, holst den Faden mit der Häkelnadel …

2 … und ziehst ihn durch die Masche. Du hast nun 2 Schlingen auf der Nadel.

3 Jetzt ziehst du die vordere Schlinge durch die (hintere) Arbeitsschlinge.

4 Fertig ist die Kettmasche.

1

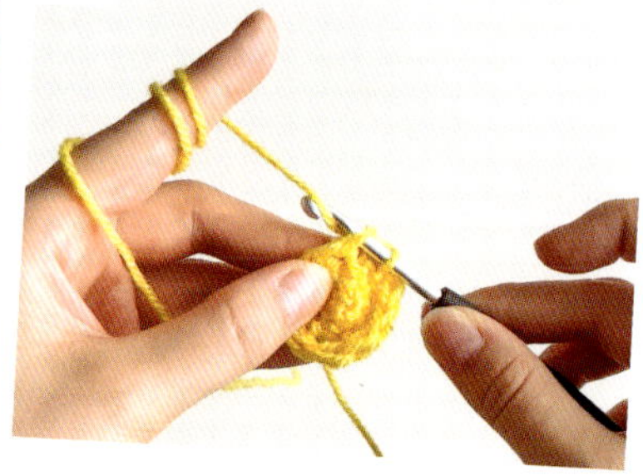

2

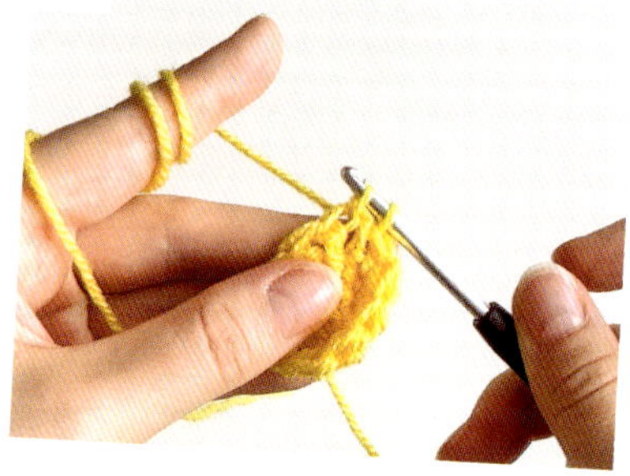

3

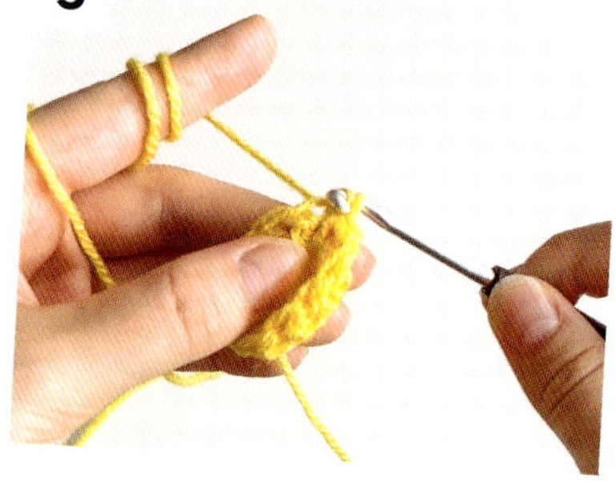

4

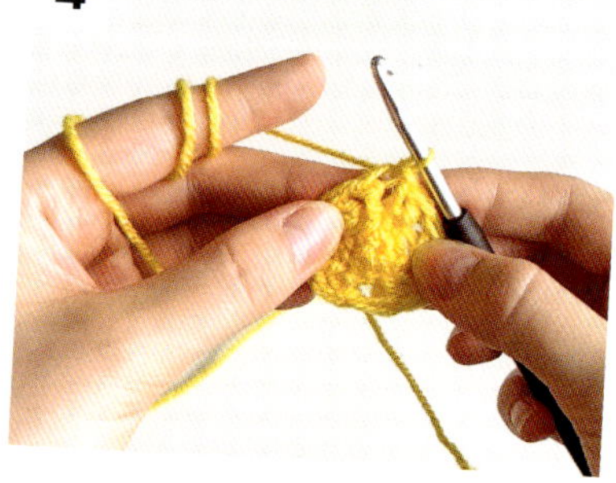

1

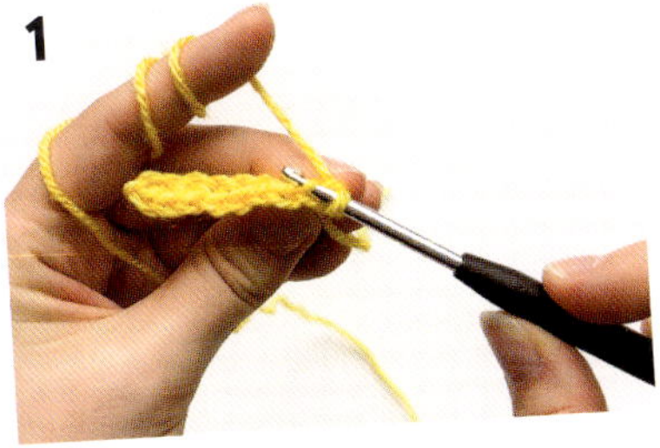

2

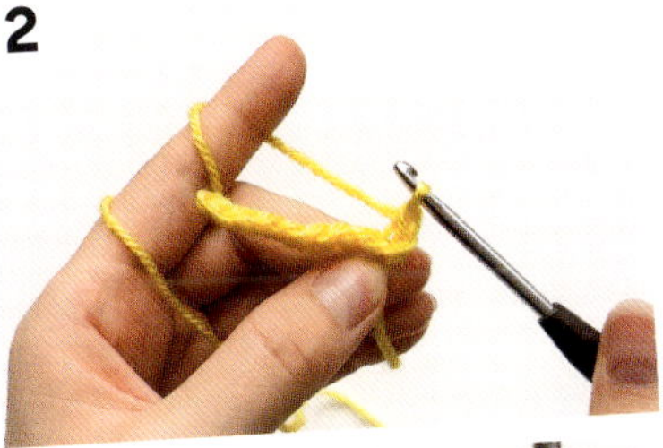

3

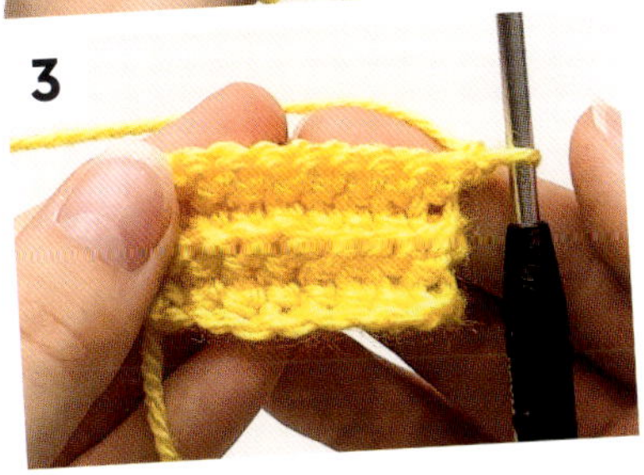

INS HINTERE MASCHENGLIED EINSTECHEN

1 Um einen „Stricklook“ an deiner Häkelarbeit zu erhalten, stichst du ins hintere Maschenglied ein.

2 Hole den Faden und häkle 1 feste Masche.

3 Wenn du über einige Reihen die festen Maschen immer ins hintere Maschenglied gehäkelt hast, entsteht dieses Muster.

1

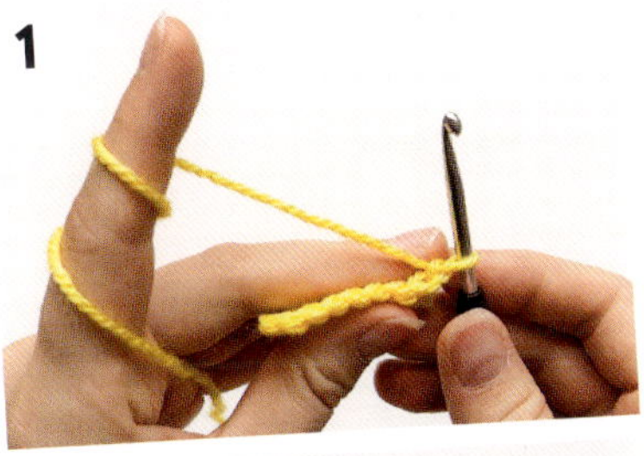

2

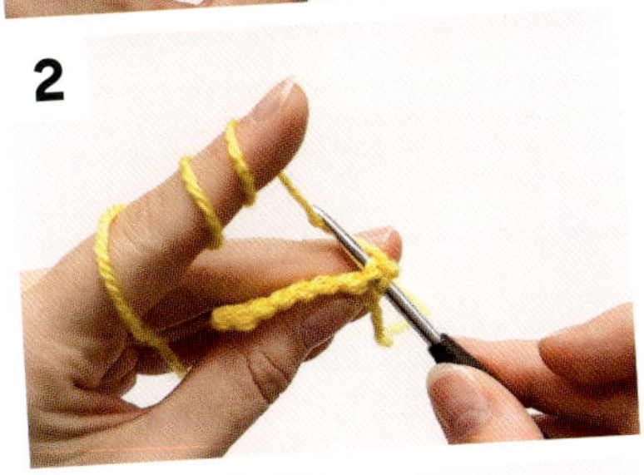

3

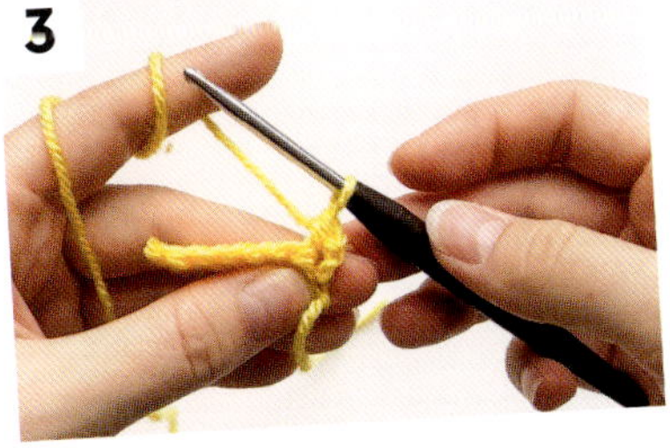

WENDEMASCHE

1 Wenn du eine Reihe gehäkelt hast und die Arbeit wenden möchtest, häkelst du 1 Luftmasche als Wendemasche.

2 Wende anschließend die Häkelarbeit und häkle 1 feste Masche, lass aber die Luftmasche aus.

3 So bekommt deine Häkelarbeit eine saubere Kante.

UMSCHLINGEN

1 Häkle 2 Luftmaschen und hole den Faden.

2 Stich in die 3. Masche nach den 2 Luftmaschen ein, hole den Faden erneut und zieh ihn durch die Masche.

3 Jetzt hast du 3 Schlingen auf der Nadel. Wiederhole Schritt 2, je nachdem, wie dick du diesen Part haben willst. Bei einem Blütenblatt beispielsweise sind es 7 Schlingen auf der Nadel.

4 Wenn du die gewünschte Anzahl Schlingen auf der Nadel hast, holst du den Faden …

5 … und ziehst ihn durch alle Schlingen.

6 Häkle zum Schluss 1 Luftmasche.

1

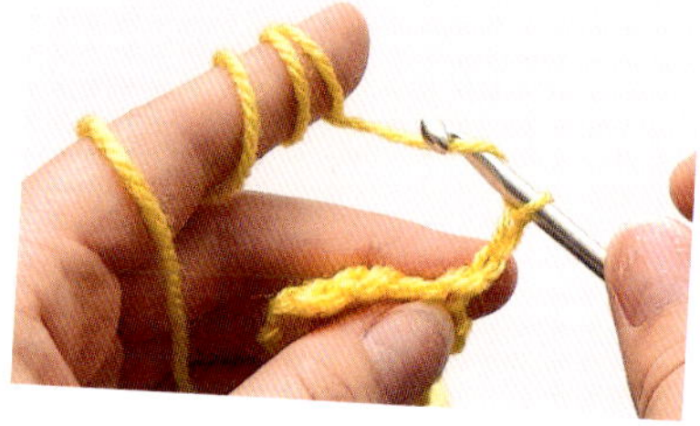

2

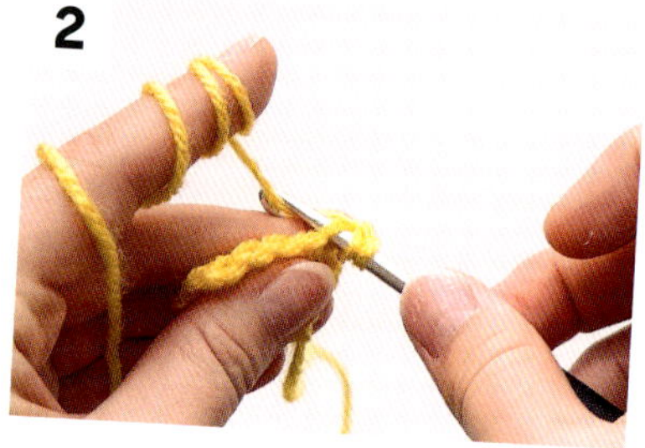

3

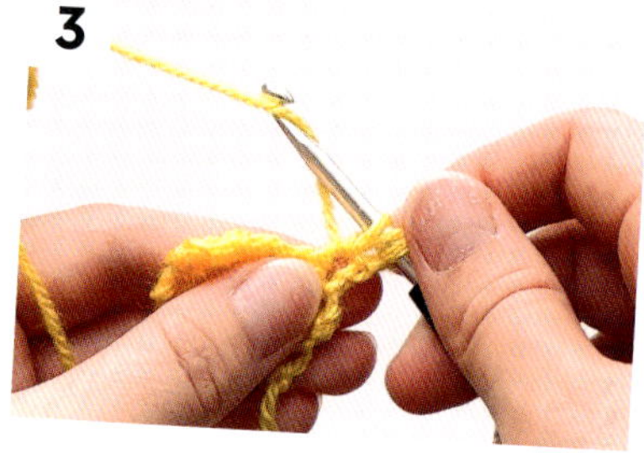

4

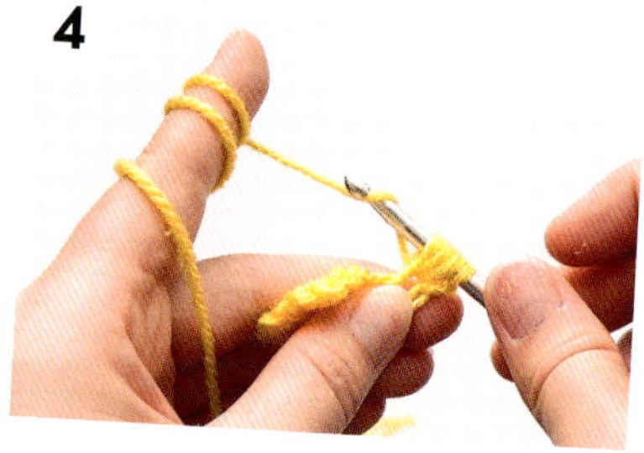

5

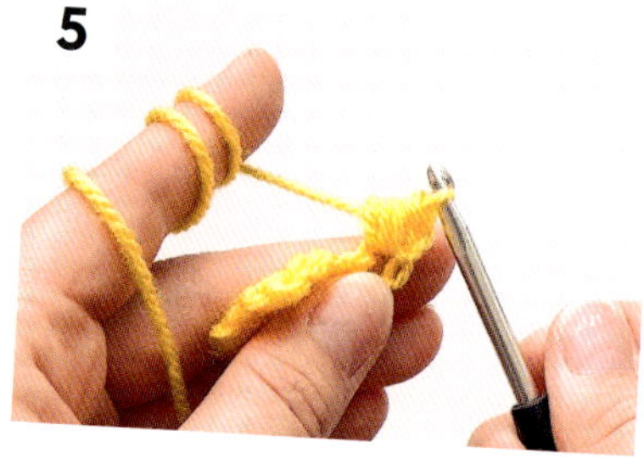

6

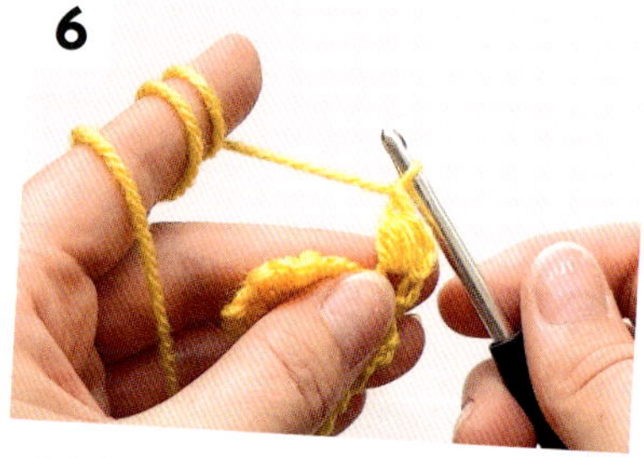

1

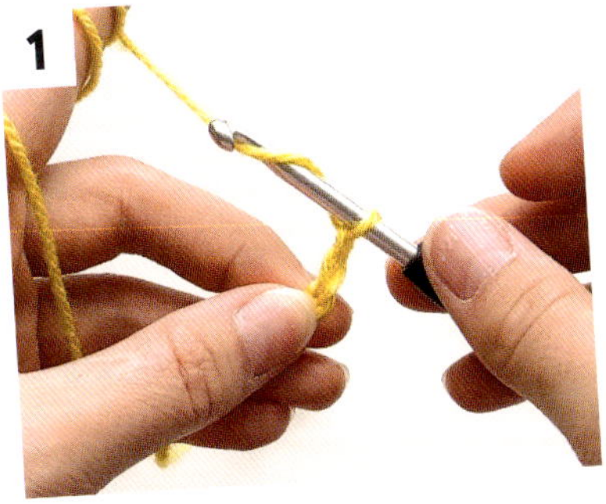

2

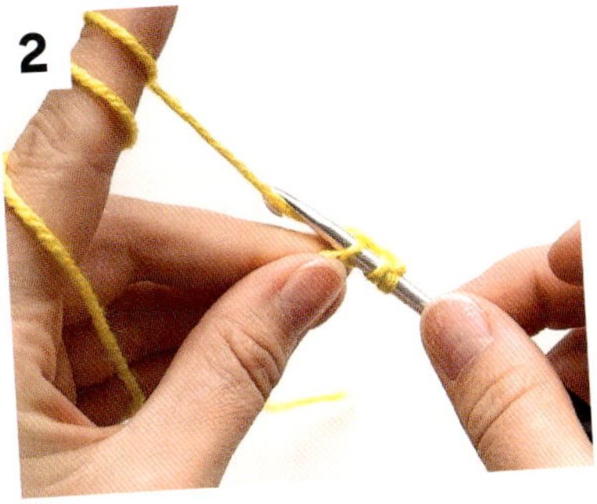

3

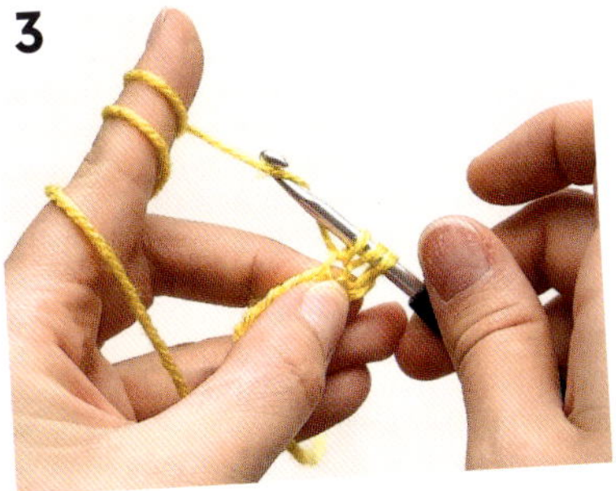

4

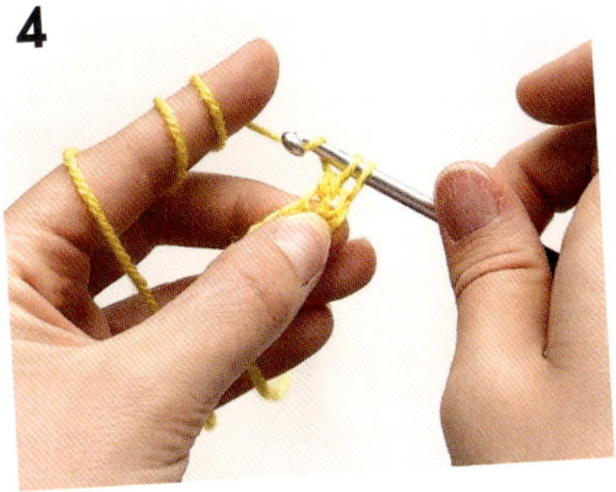

5

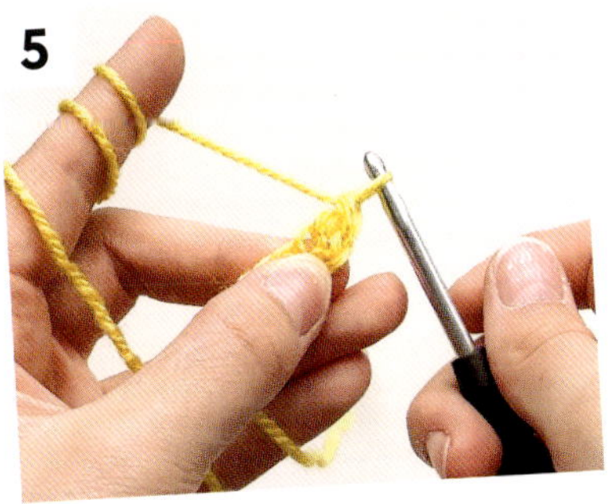

EINFACHES STÄBCHEN

1 Um die entsprechende Höhe für das Stäbchen zu bekommen, häkelst du 2 Luftmaschen. Hole anschließend den Faden …

2 … und stich in die 3. Masche nach den 2 Luftmaschen ein. Hole den Faden erneut und zieh ihn durch die Masche.

3 Jetzt solltest du 3 Schlingen auf der Nadel haben. Hole den Faden erneut …

4 … und führe ihn durch die beiden ersten Schlingen. Hole den Faden noch einmal …

5 … und führe ihn durch die verbliebenen beiden Schlingen auf der Nadel.

HALBES STÄBCHEN

1

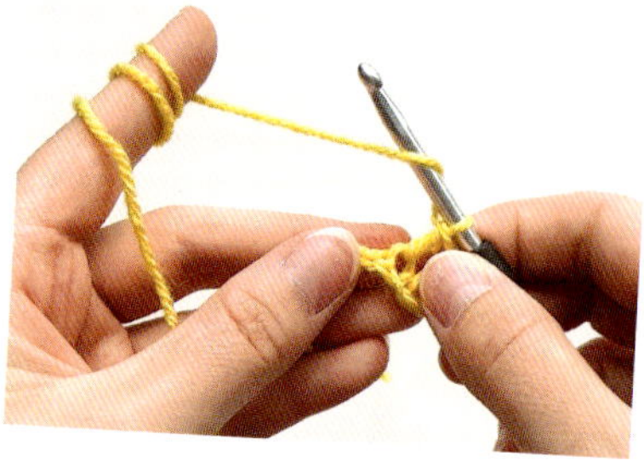

2

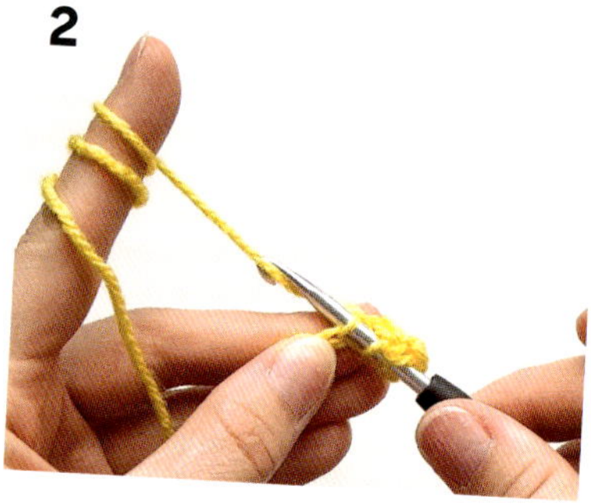

1 Hole den Faden, ...

2 ... stich in die Masche ein, hole den Faden erneut und zieh ihn durch die Masche.

3 Jetzt hast du 3 Schlingen auf der Nadel. Hole den Faden erneut ...

4 ... und zieh ihn durch alle 3 Schlingen.

3

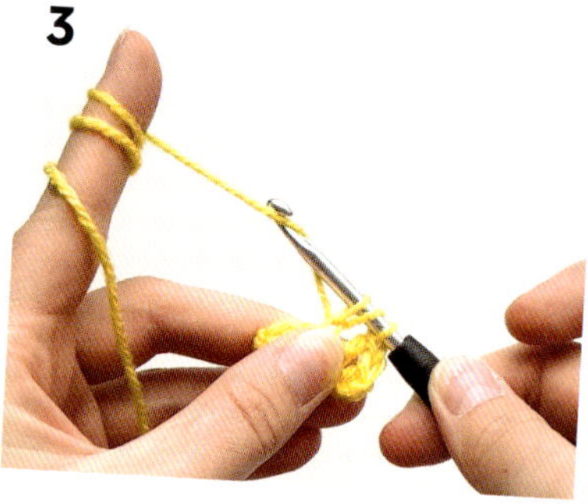

4

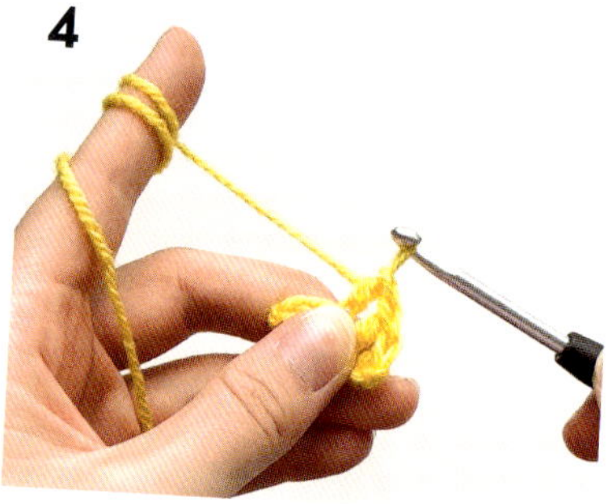

1

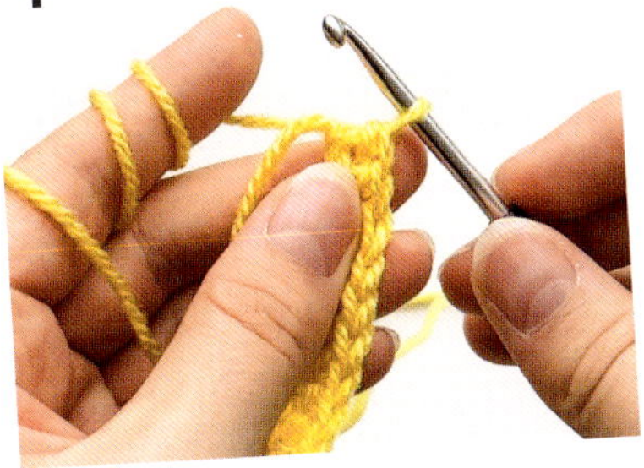

UMRANDUNG HÄKELN

2

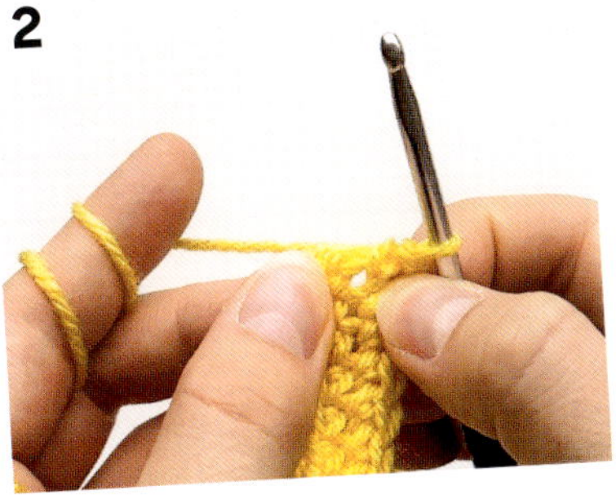

3

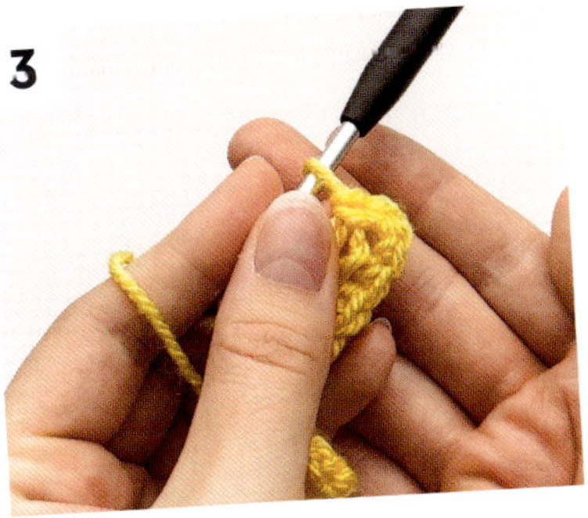

4

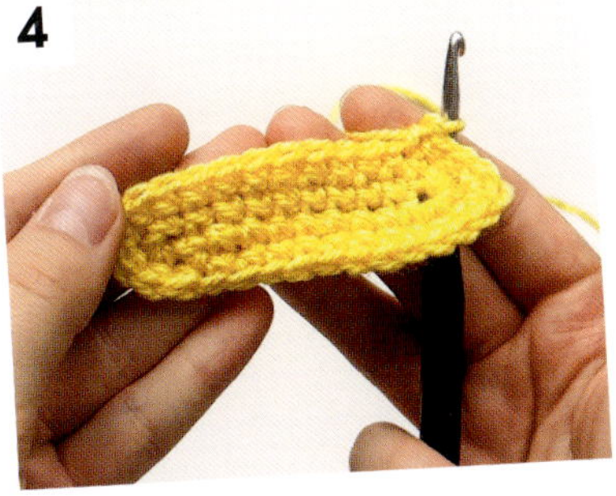

1 Häkle am Ende der Reihe 3 feste Maschen in den Zwischenraum der 1. und 2. Reihe.

2 Häkle weiter, bis du am anderen Ende der Reihe angekommen bist.

3 Häkle auch hier 3 feste Maschen zwischen die Reihen.

4 Bei jeder weiteren Reihe häkelst du 3 feste Maschen in die mittlere Masche der 3 Maschen aus der vorherigen Runde. Du kannst die Masche jeweils mit einem Maschenmarkierer oder einem Faden in einer anderen Farbe kennzeichnen, damit du sie schnell wiederfindest.

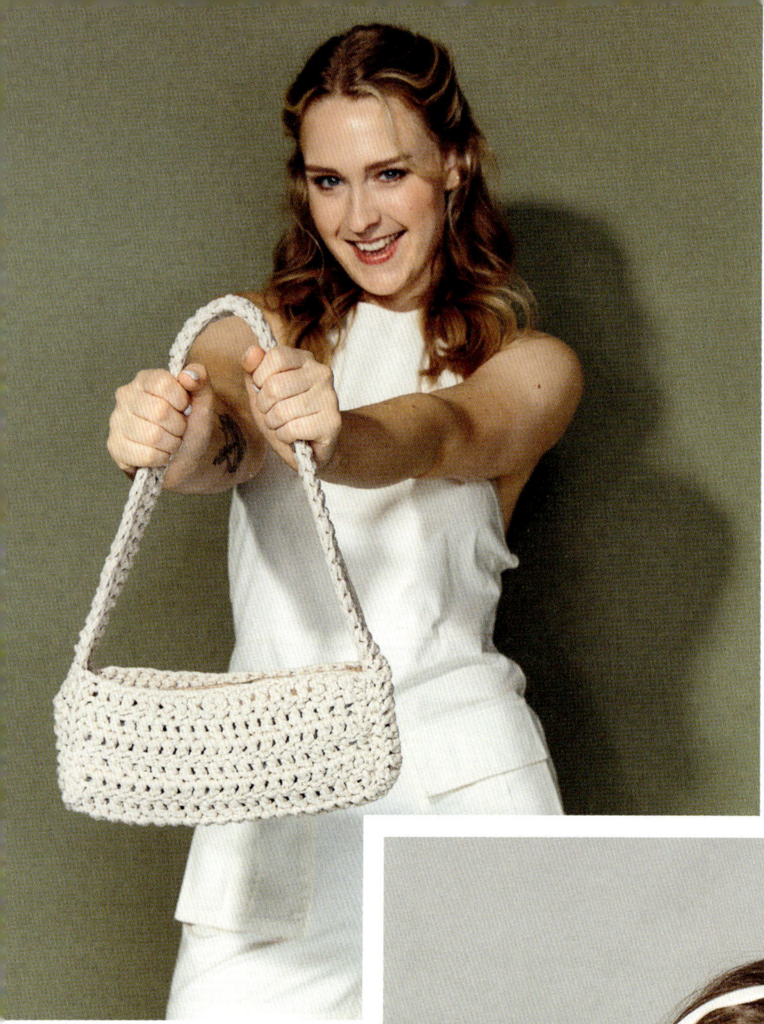

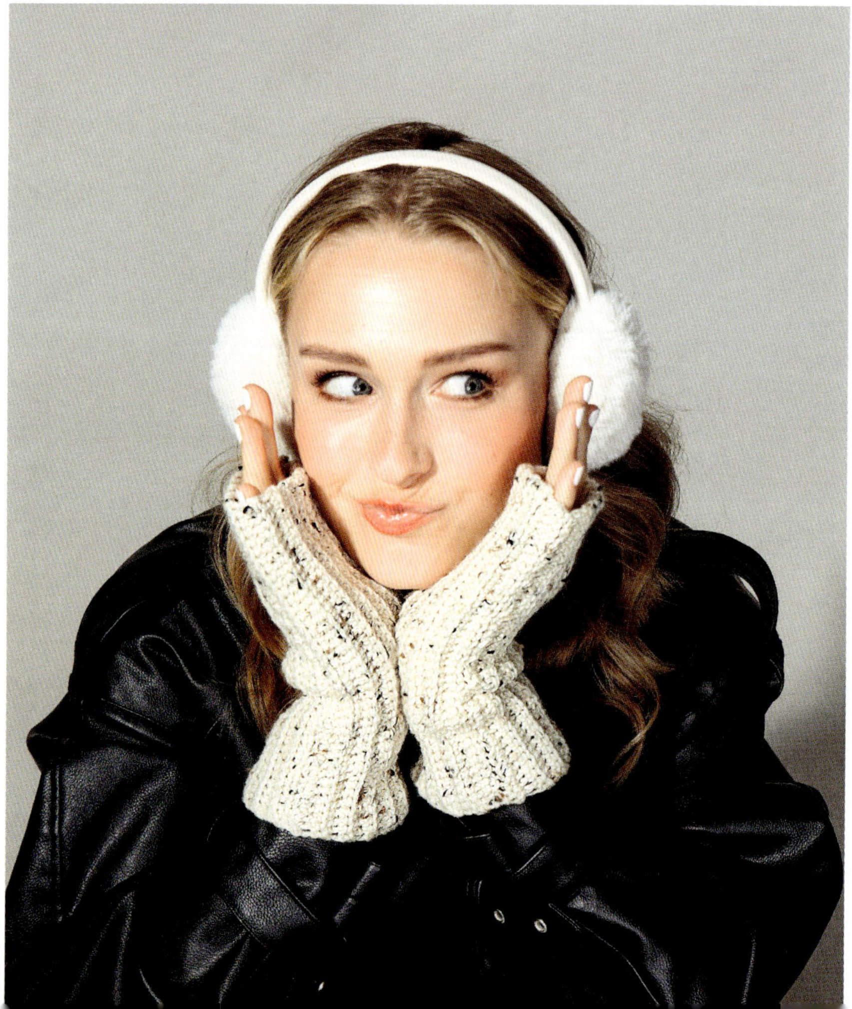

MODELLE

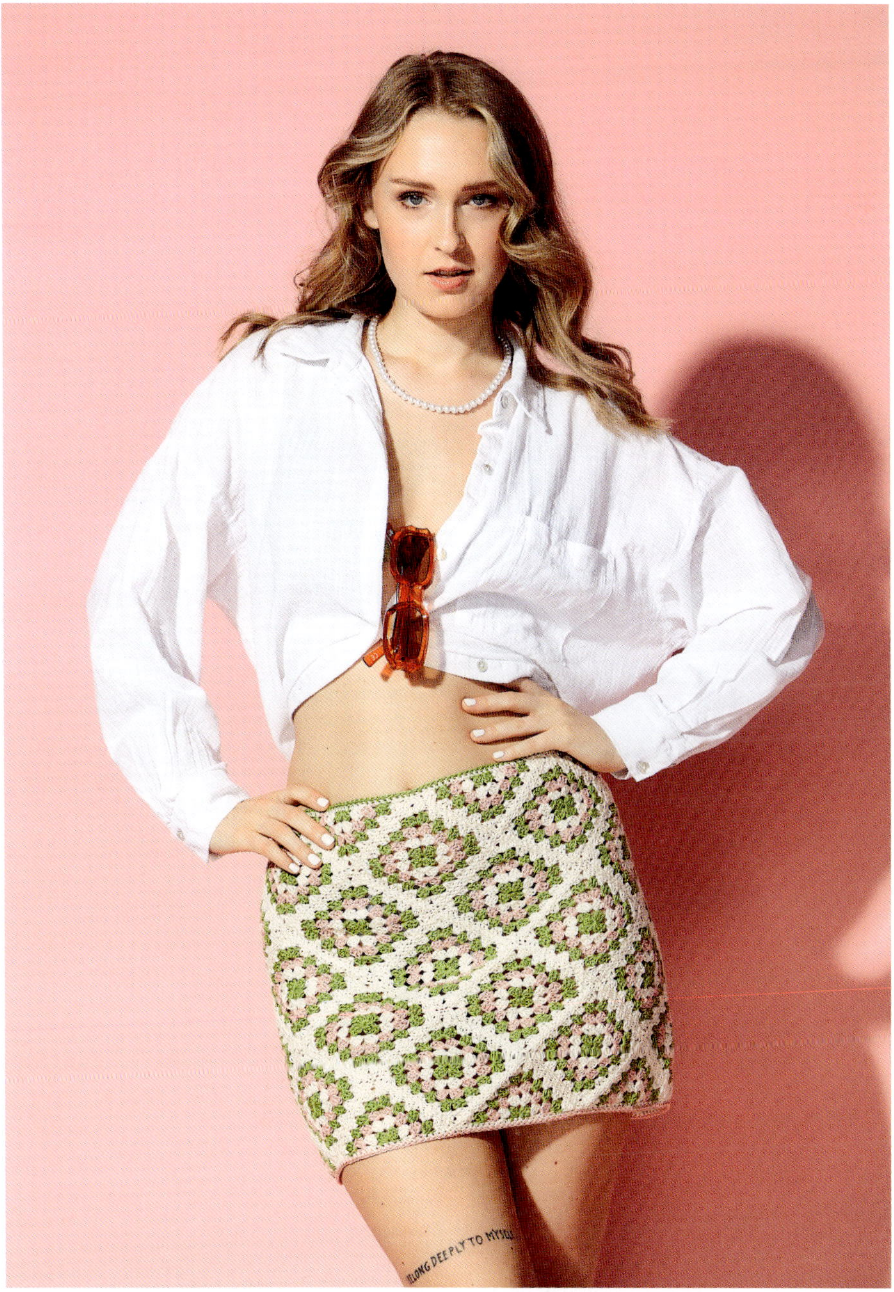

Blumen-OHRRINGE

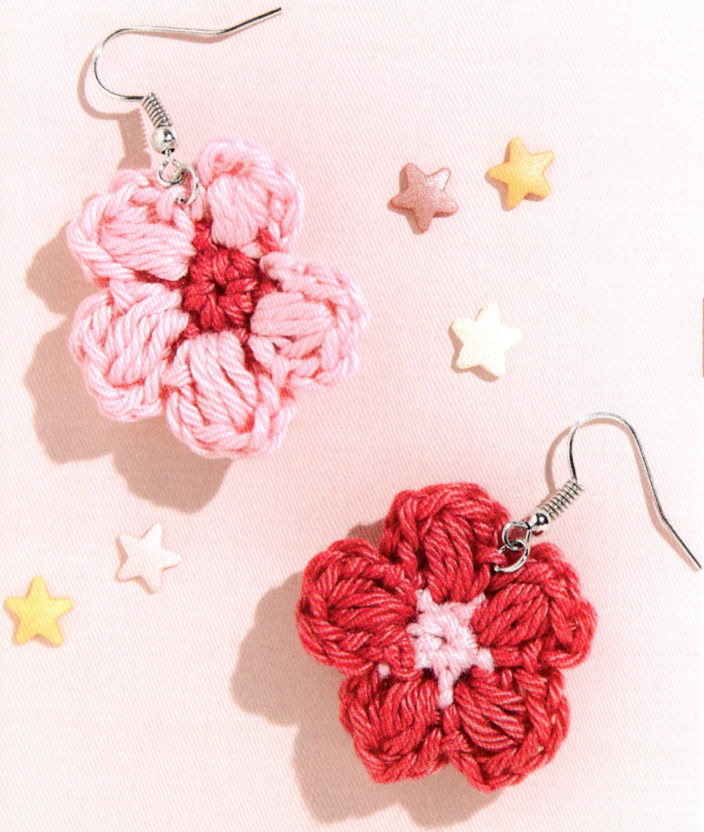

Material

- # Baumwollgarn (100 % Baumwolle; Lauflänge 125 m/50 g) in Dunkelpink und Rosa, jeweils Reste
- # 2 Ohrstecker
- # 2 Verbindungsringe
- # Häkelnadel 2,75 mm
- # kleine Zange

Das verwendete Garn ist für eine Häkelnadel der Stärke 2,5–3,5 mm empfohlen.

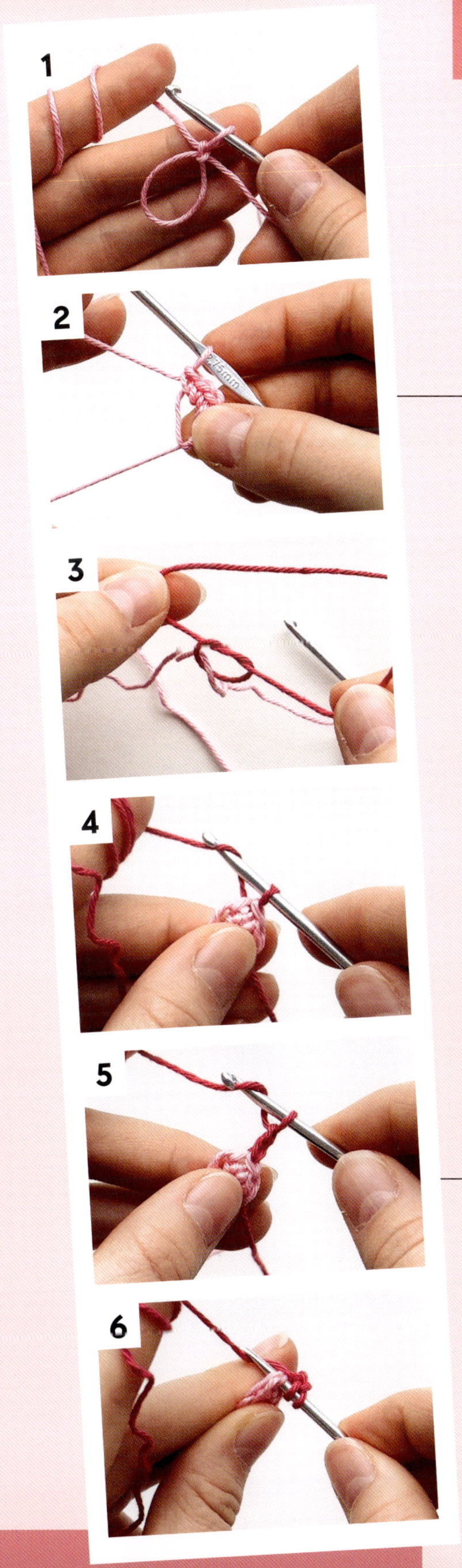

So geht's:

1 Beginne die Blume mit einem magischen Ring.

2 Häkle 5 feste Maschen in den Fadenring. Zieh am Anfangsfaden und das Loch in der Mitte des magischen Rings schließt sich.

3 Wenn du die Blütenblätter in einer anderen Farbe häkeln möchtest, knotest du jetzt einen neuen Faden an den ersten Faden. Du kannst aber auch einfach mit dem ersten Faden weiterhäkeln.

4 Häkle 1 Kettmasche in die 1. Masche.

5 Häkle 2 Luftmaschen.

6 Nimm den Faden auf die Nadel, stich in die Anfangsmasche ein …

7

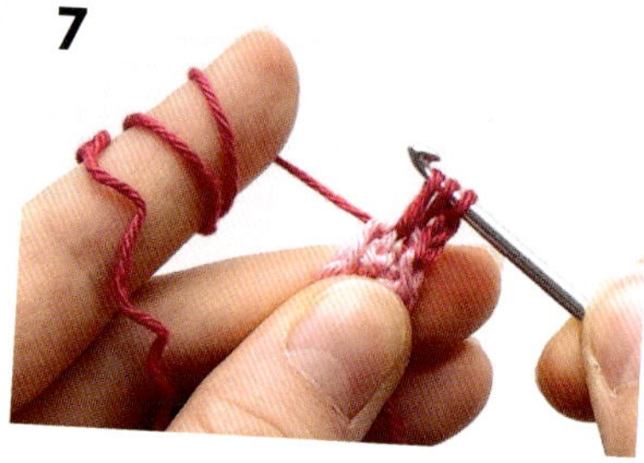

8

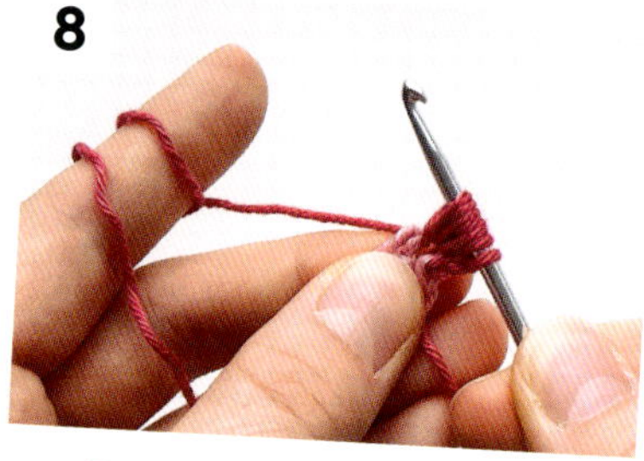

9

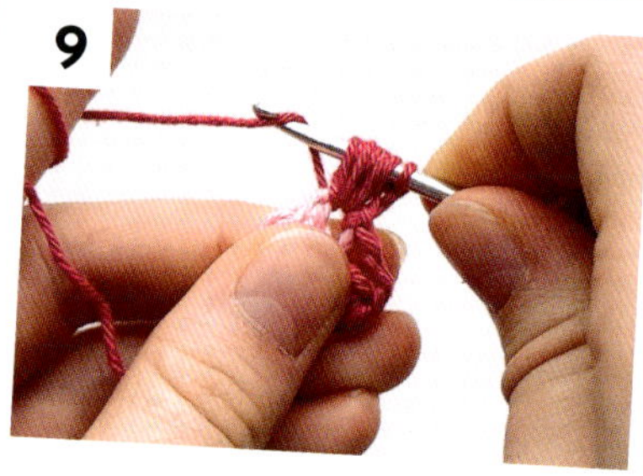

10

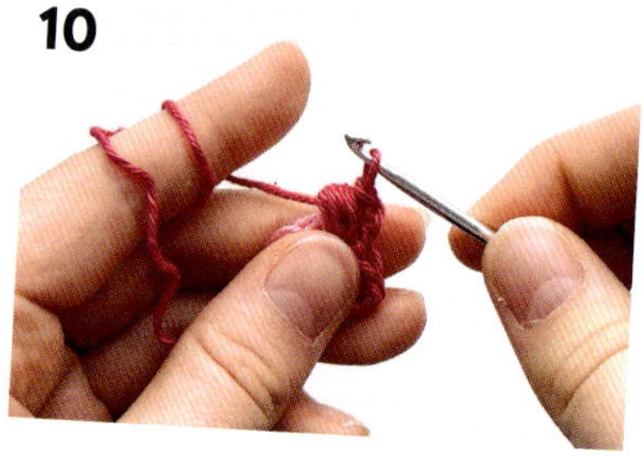

11

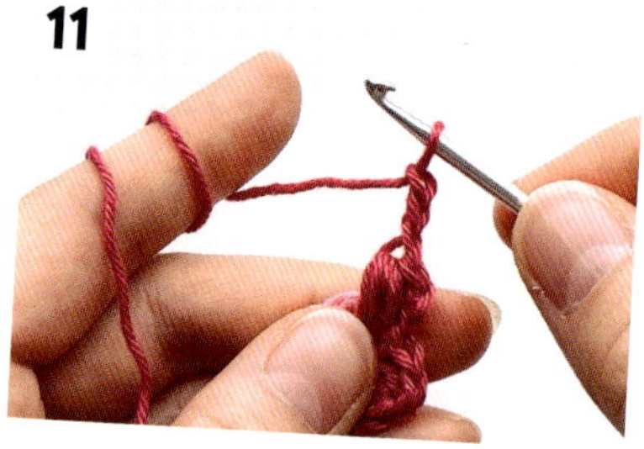

12

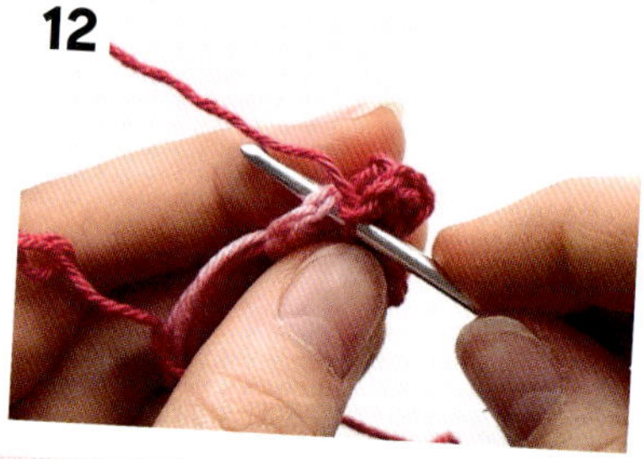

7 … nimm erneut den Faden auf und führe die Nadel wieder zurück.

8 Wiederhole Schritt 6 und 7 noch zweimal, bis du 7 Schlingen auf der Nadel hast.

9 Nimm erneut den Faden auf …

10 … und zieh ihn durch alle 7 Schlingen.

11 Häkle 3 Luftmaschen.

12 Nun kommt schon der letzte Schritt für das Blütenblatt: Stich die Nadel in die folgende Masche ein, hole den Faden auf die Nadel und häkle 1 Kettmasche.

13

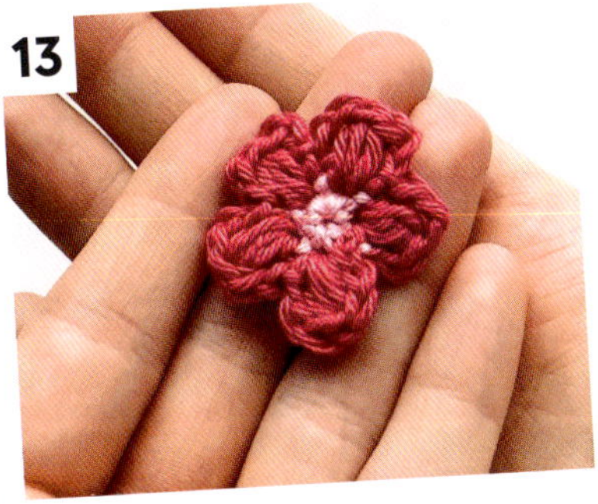

14

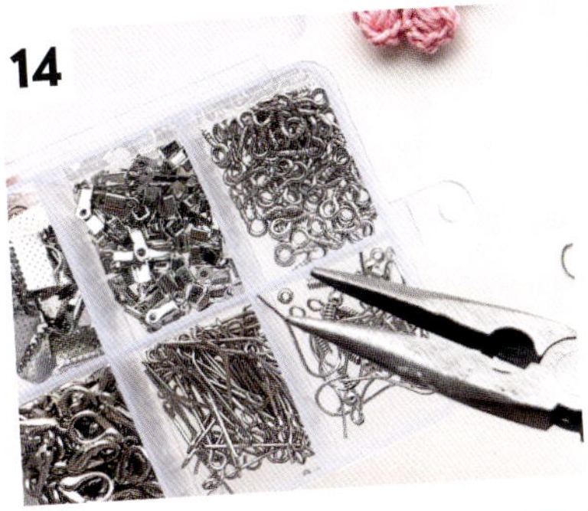

15

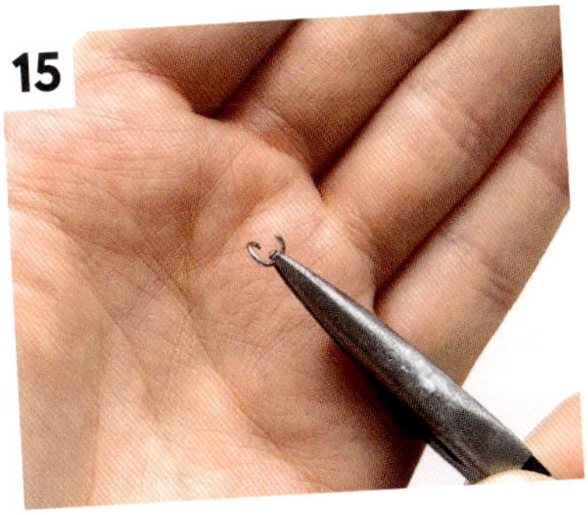

16

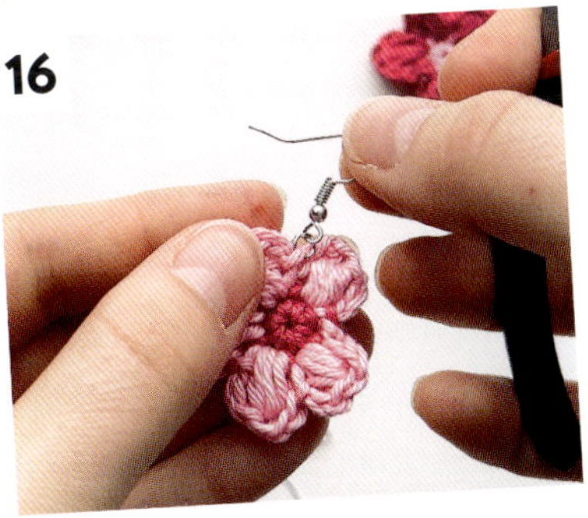

17

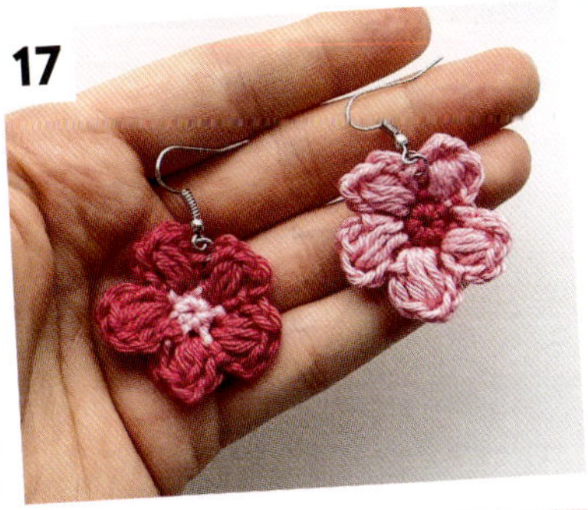

13 Wiederhole Schritt 5–12 für die nächsten 4 Blütenblätter. Nach dem 5. Blütenblatt häkelst du 1 Luftmasche, ziehst den Faden durch die Masche und schneidest ihn ab. Vernähe alle Fadenenden. Die 2. Blüte häkelst du genauso. Wenn du mit 2 Farben gearbeitet hast, kannst du die Blütenblätter aus einer anderen Farbe häkeln.

14 Jetzt brauchst du die Ohrstecker und die Verbindungsringe.

15 Biege den Verbindungsring mit einer kleinen Zange auf.

16 Führe den Verbindungsring durch eine Fadenschlinge der Blume und durch den Ohrstecker. Zum Schluss biegst du den Ring mit der Zange wieder gut zusammen.

17 Fertig sind die Blumenohrringe. Ein megacooles Geschenk – und einfach selbst gemacht!

Süße HERZEN

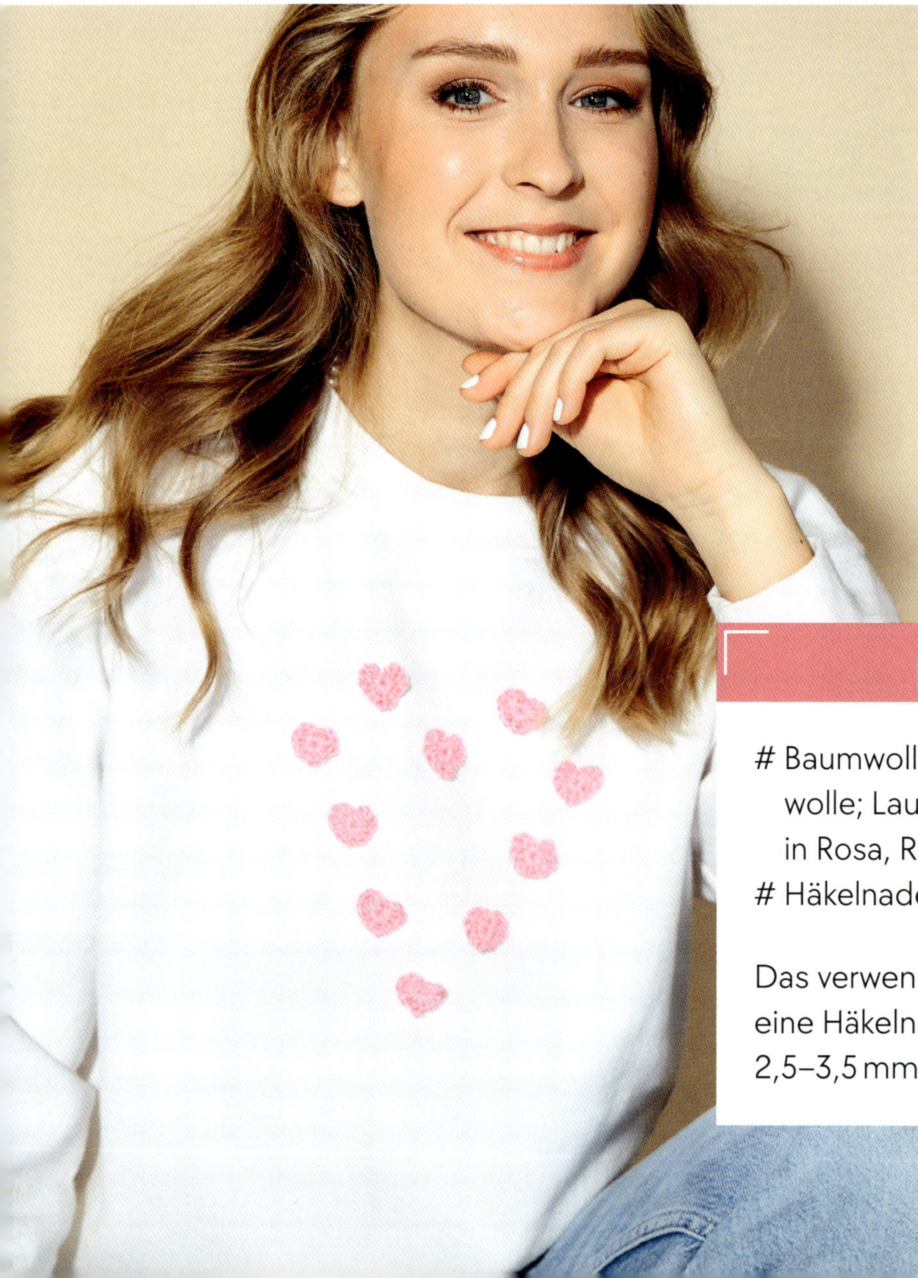

Material

Baumwollgarn (100% Baumwolle; Lauflänge 125 m/50 g) in Rosa, Rest
Häkelnadel 2,75 mm

Das verwendete Garn ist für eine Häkelnadel der Stärke 2,5–3,5 mm empfohlen.

1

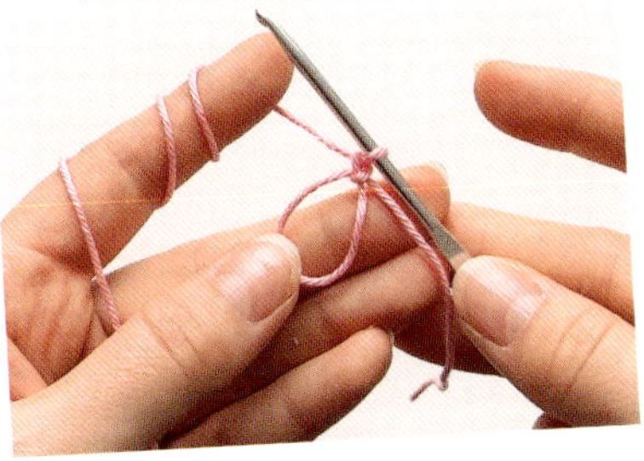

2

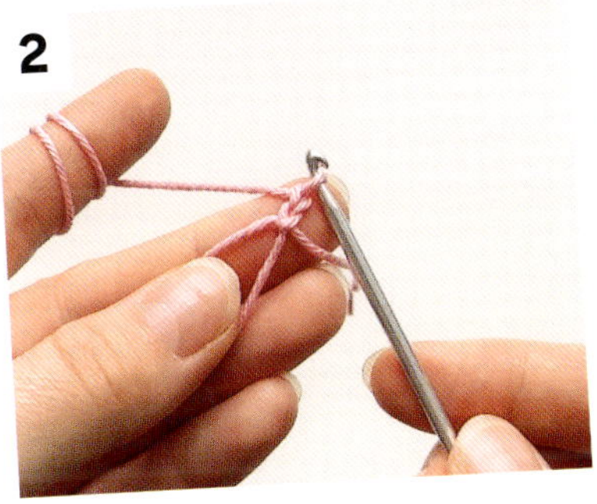

3

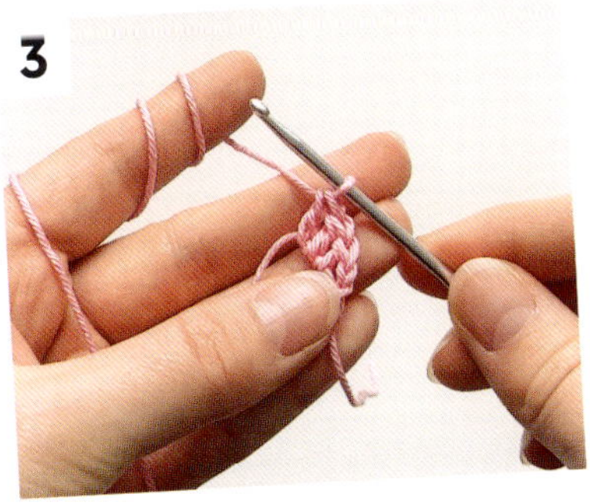

4

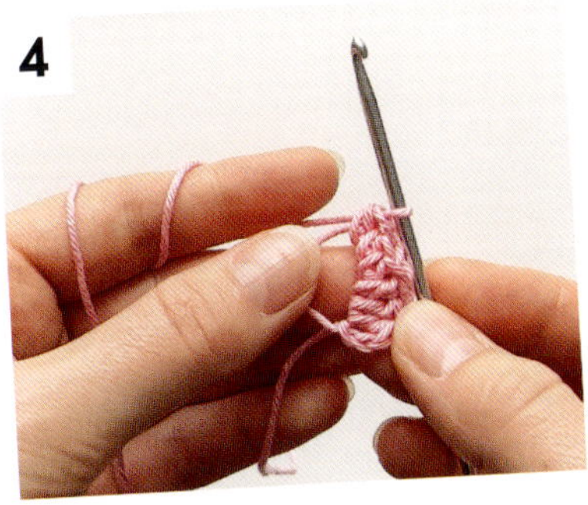

5

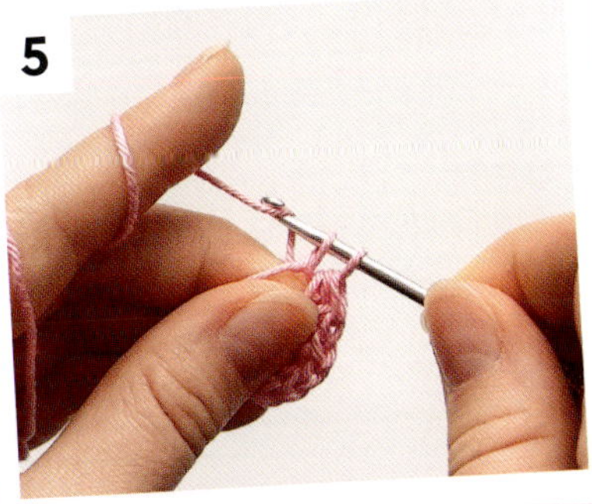

So geht's:

1 Arbeite einen magischen Ring.

2 Häkle 1 Luftmasche.

3 Jetzt häkelst du 3 Stäbchen in den magischen Ring.

4 Häkle 3 halbe Stäbchen.

5 Häkle 1 feste Masche oder 2 Luftmaschen (je nachdem wie spitz du das Herz haben möchtest).

6 Für die zweite Herzhälfte häkelst du in die andere Richtung weiter. Häkle 3 halbe Stäbchen.

7 Häkle 3 Stäbchen.

8 Nun häkelst du 2 Luftmaschen.

9 Beende das Herz mit 1 Kettmasche. Zieh den Faden durch.

10 Zieh am Anfangsfaden, sodass sich das Loch schließt. Vernähe alle Fäden. Fertig ist das Herz.

6

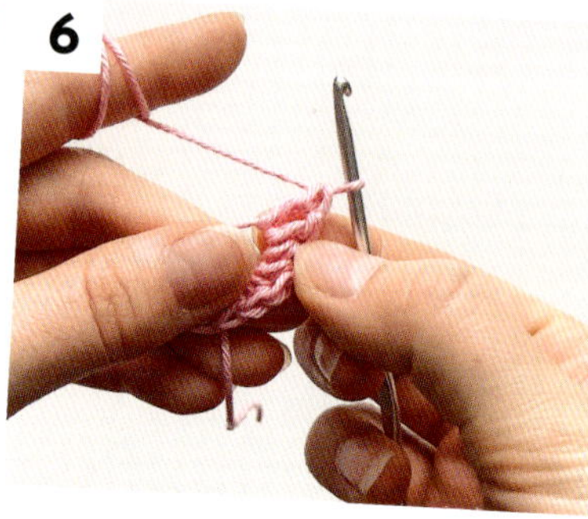

7

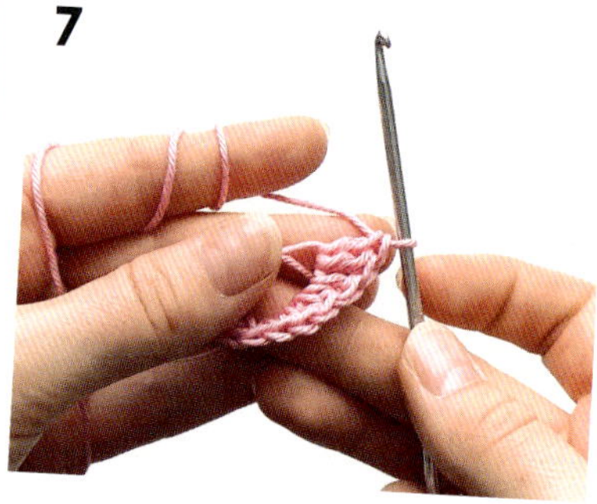

8

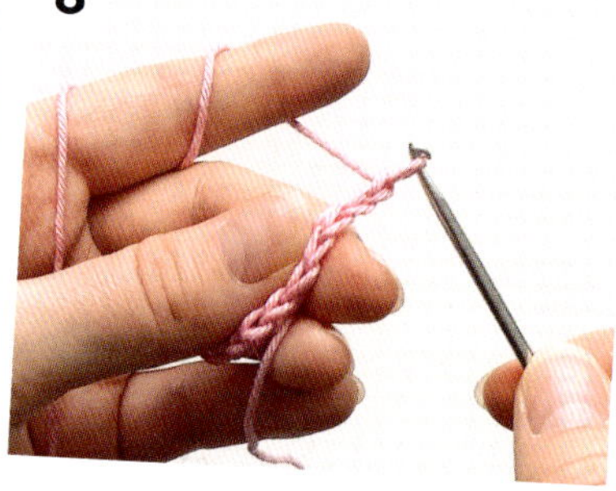

9

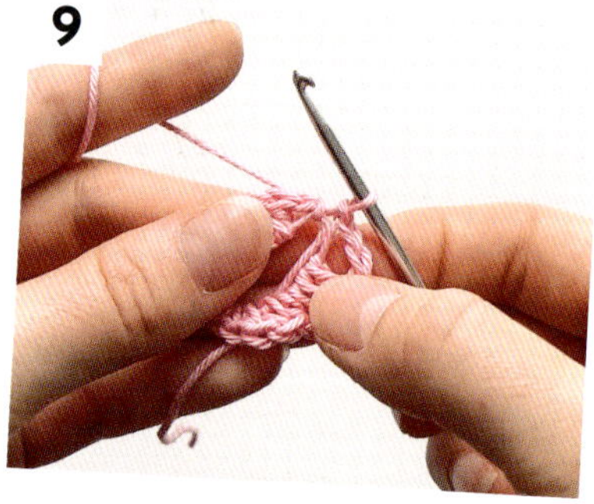

10

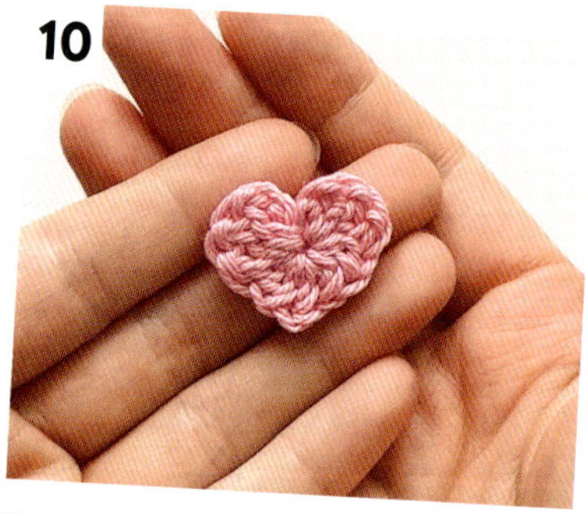

#THERESAS STYLE

Als Ohrringe sehen die Herzen auch süß aus.

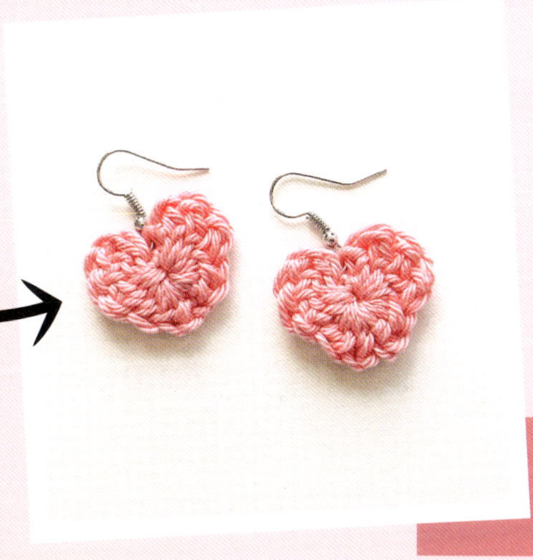

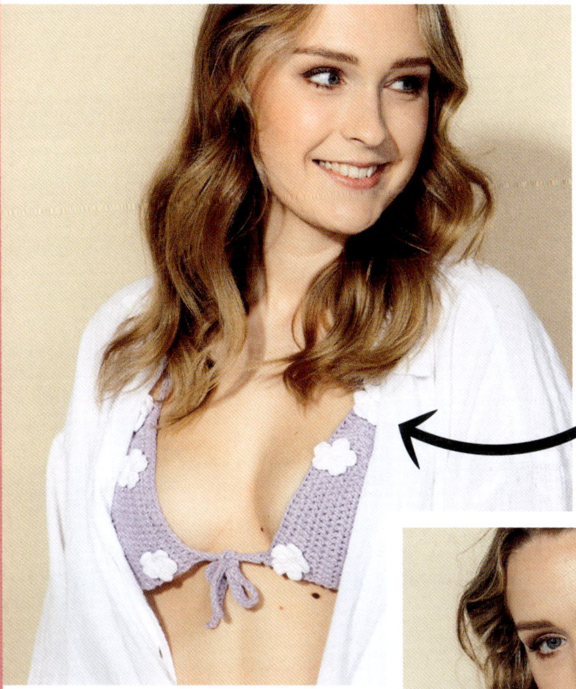

Herzen & Blumen kannst du als Patchs auf deine Kleidung nähen …

… oder auf Accessoires.

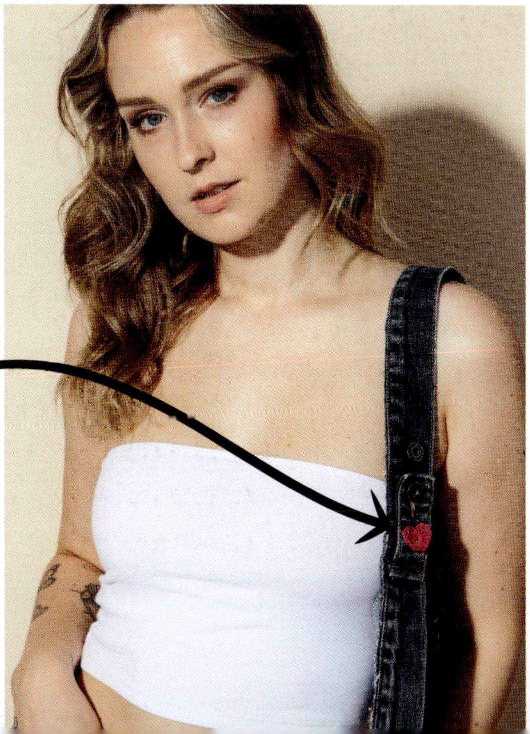

Fancy HANDYTASCHE

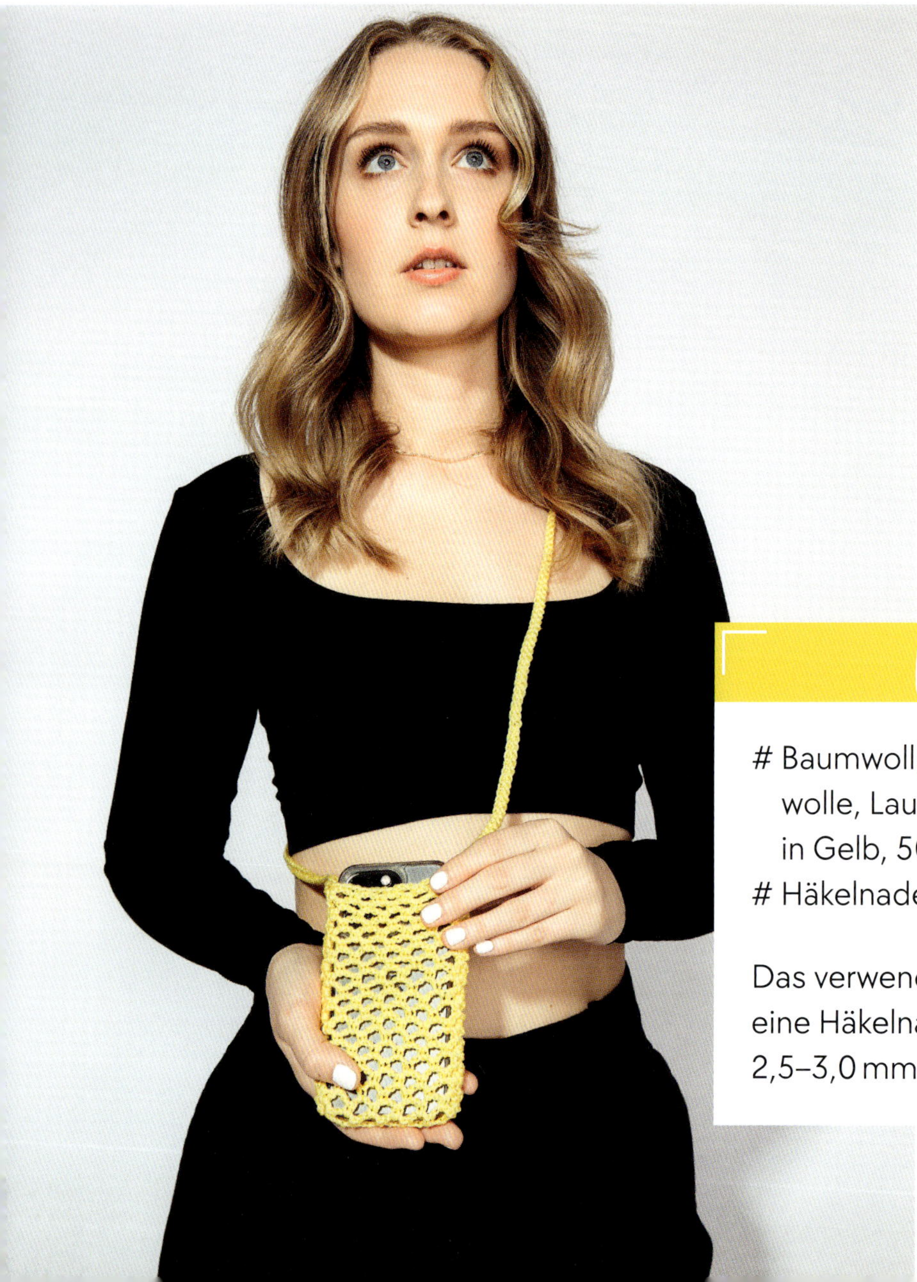

Material

- # Baumwollgarn (100 % Baumwolle, Lauflänge 131 m/50 g) in Gelb, 50 g
- # Häkelnadel 2,75 mm

Das verwendete Garn ist für eine Häkelnadel der Stärke 2,5–3,0 mm empfohlen.

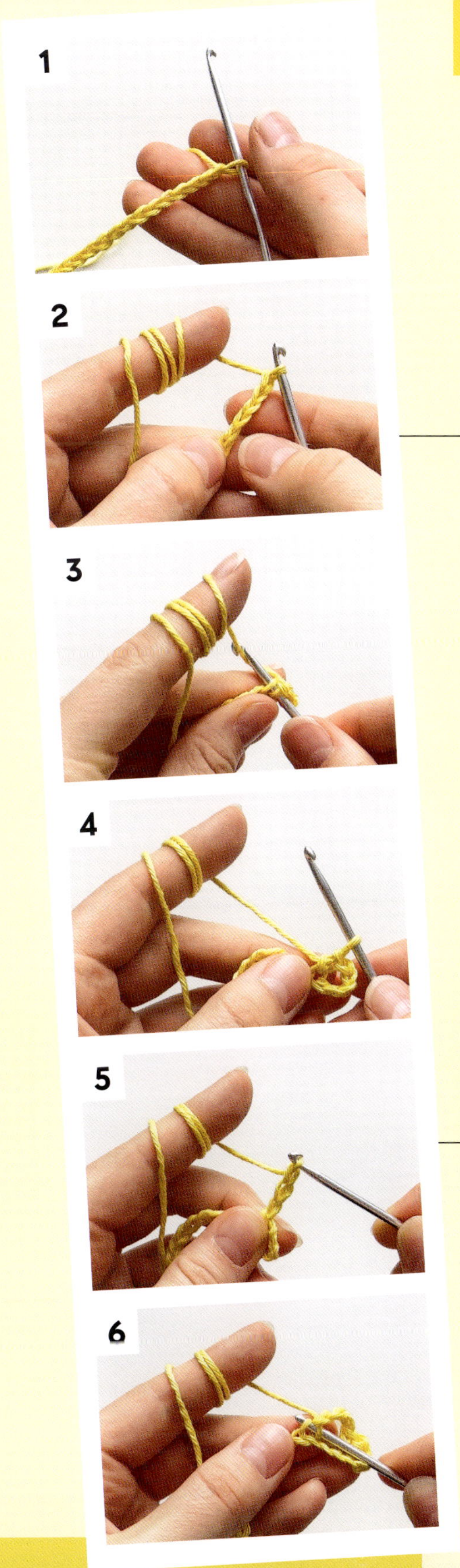

So geht's:

1 Knote eine Anfangsschlinge und häkle 16 Luftmaschen.

2 Häkle weitere 5 Luftmaschen als Wendemaschen.

3 Stich in die 16. Luftmasche ein und häkle 1 feste Masche.

4 Das 1. Loch ist entstanden.

5 Häkle 3 Luftmaschen.

6 Lass 2 Maschen ab der Nadel frei und häkle 1 feste Masche in die 3. Masche. So häkelst du die Reihe weiter: 3 Luftmaschen häkeln, 2 Maschen freilassen, 1 feste Masche in die 3. Masche häkeln.

7 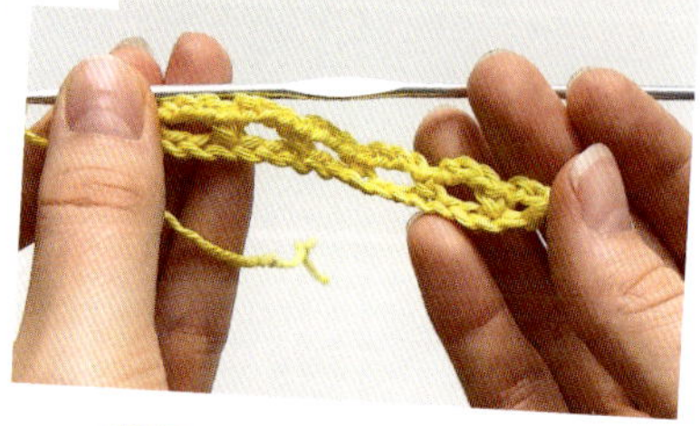

8 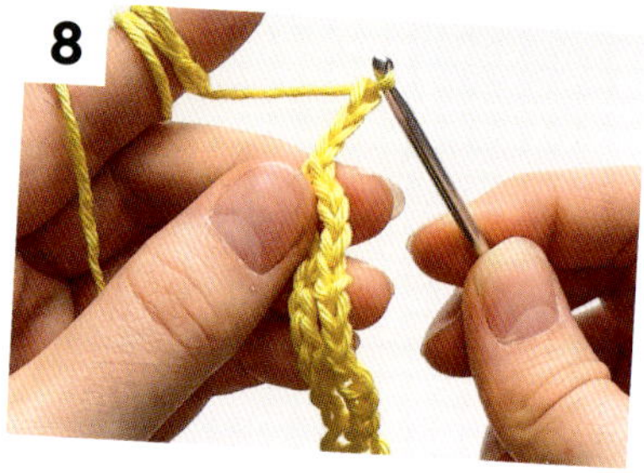

9 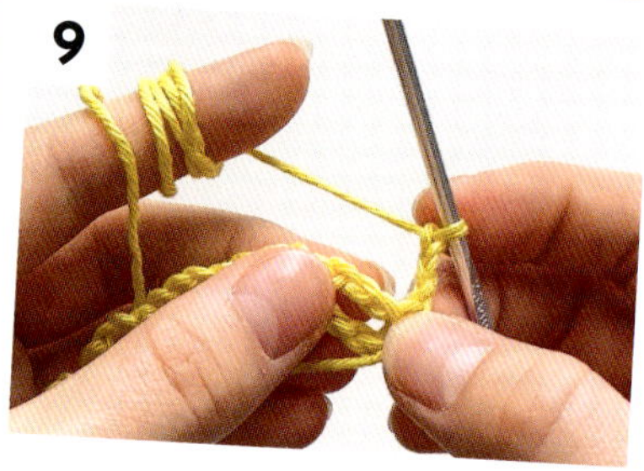

10 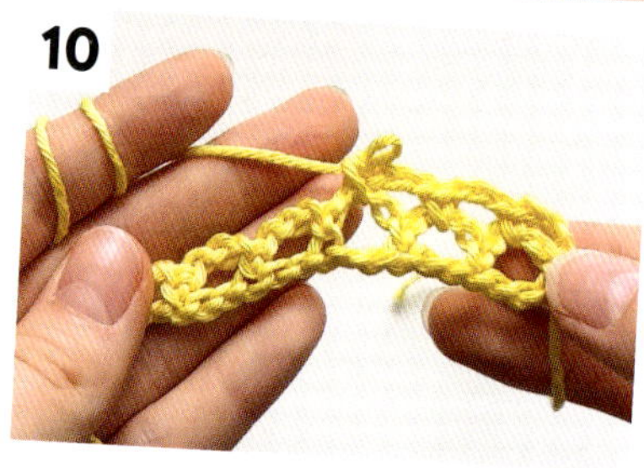

11 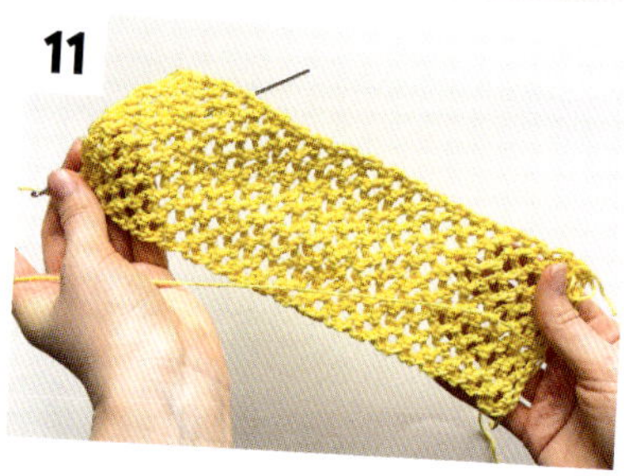

12 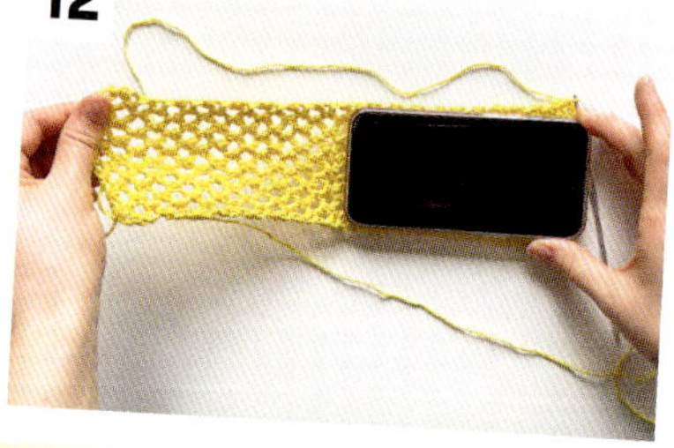

7 So sollte es jetzt aussehen.

8 Häkle 3 Luftmaschen.

9 Wende die Arbeit.

10 Häkle wie in Schritt 5 beschrieben weiter. Ab jetzt stichst du aber nicht mehr in die Maschen ein, sondern häkelst in die Löcher, die du in der 1. Reihe gehäkelt hast, jeweils 1 feste Masche. So häkelst du Reihe für Reihe weiter.

11 So sollte es dann aussehen.

12 Checke, ob das Häkelstück schon zu deinem Handy passt. Leg dazu dein Handy auf die eine Hälfte und zieh ein bisschen am Häkelstück. Das ist wichtig, sonst wird die Tasche am Ende zu lang.

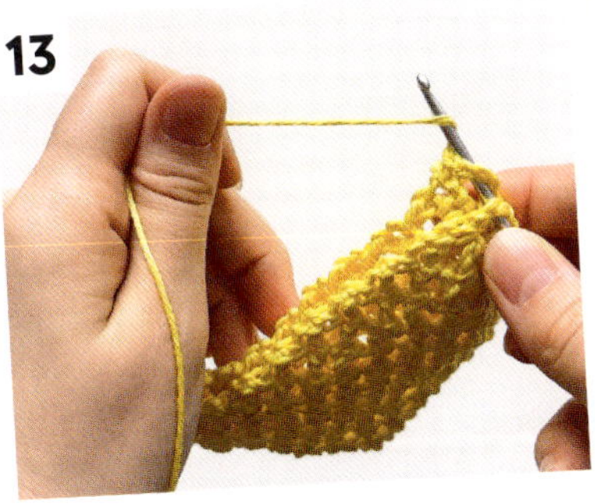

13

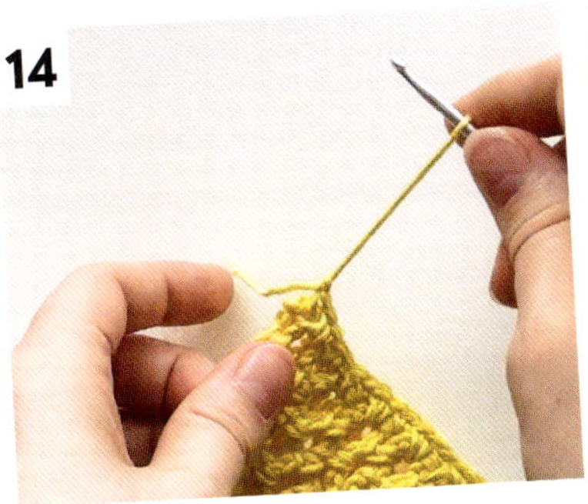

14

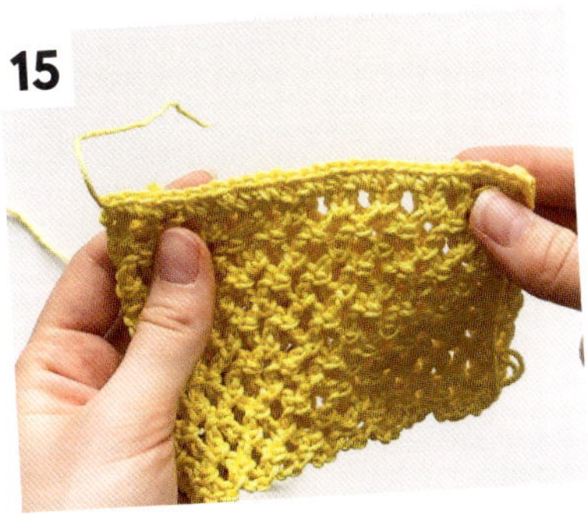

15

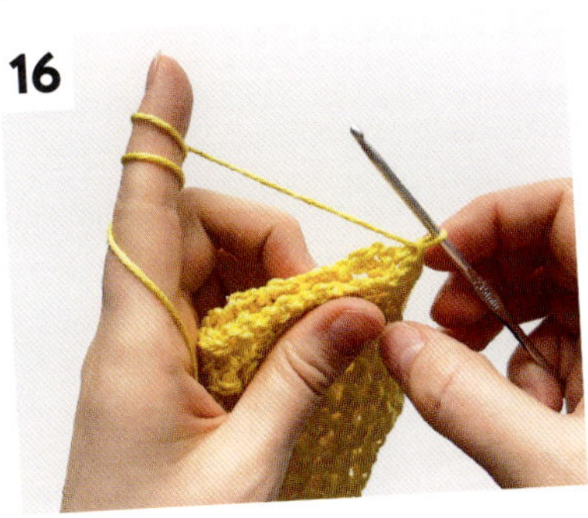

16

13 Falte das Häkelstück mittig und häkle die 1. Seite mit festen Maschen zusammen. Wenn du noch genügend Arbeitsfaden übrig hast, kannst du damit direkt die Seiten entlang häkeln. Stich immer in die Löcher ein, nicht in die Maschen.

14 Am Ende der 1. Seite schneidest du den Faden ab und ziehst ihn durch.

15 So sollte es jetzt aussehen.

16 Häkle die 2. Seite mit festen Maschen zusammen. Achte darauf, dass du das Häkelstück mittig gefaltet hast und so auch zusammenhäkelst, damit die Tasche nicht schief wird.

Tipp

Falls unterwegs der Faden zu Ende geht, knote einfach einen neuen Faden an den alten und häkle weiter. Die Fadenenden vernähst du später.

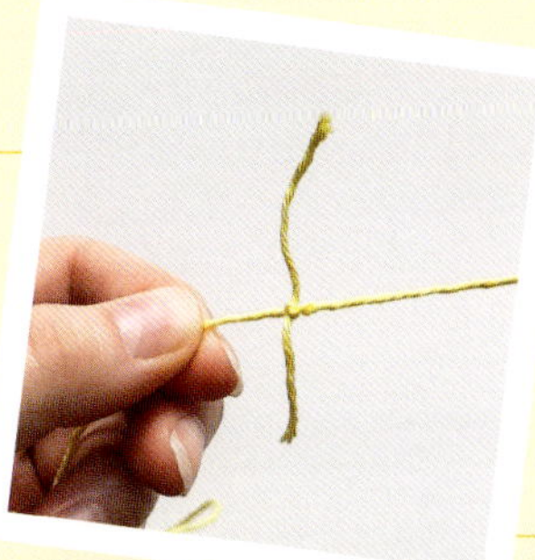

17 So sollte die Hülle jetzt aussehen.

18 Für den Riemen habe ich 200 Luftmaschen gehäkelt. Du kannst ihn aber auch kürzer oder länger machen.

19 Häkle die Luftmaschenkette seitlich an der Öffnung ca. 3 Maschen versetzt nach unten mit 1 festen Masche fest.

20 Wende die Arbeit und häkle feste Maschen in die Luftmaschenkette ...

21 ... bis zur drittletzten Luftmasche.

22 Lege die letzten 3 Luftmaschen wie auf der anderen Taschenseite am oberen Rand an und häkle die Luftmaschenkette mit festen Maschen an der Tasche fest. Vernähe alle Fäden und wende die Tasche.

17

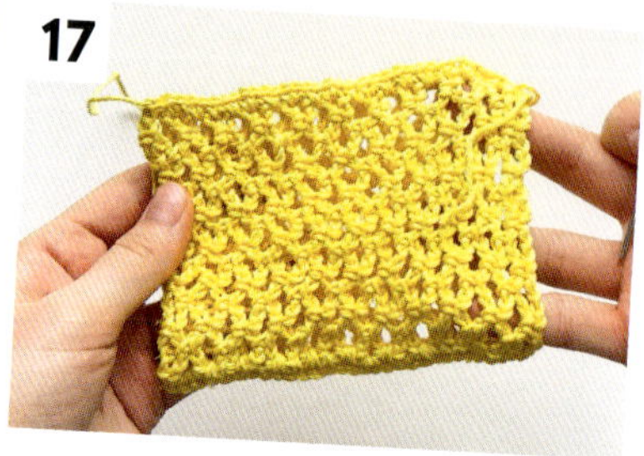

18

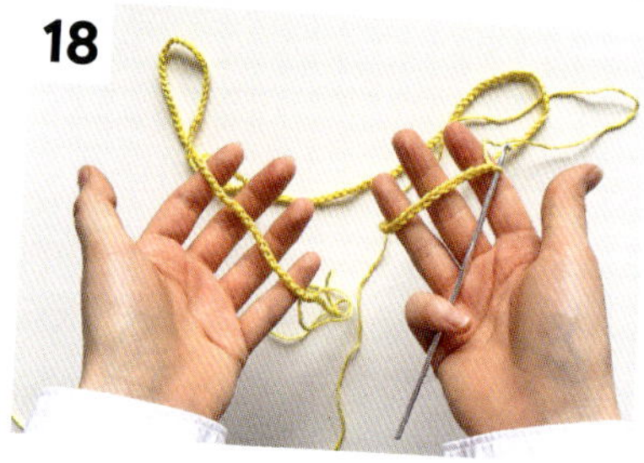

19

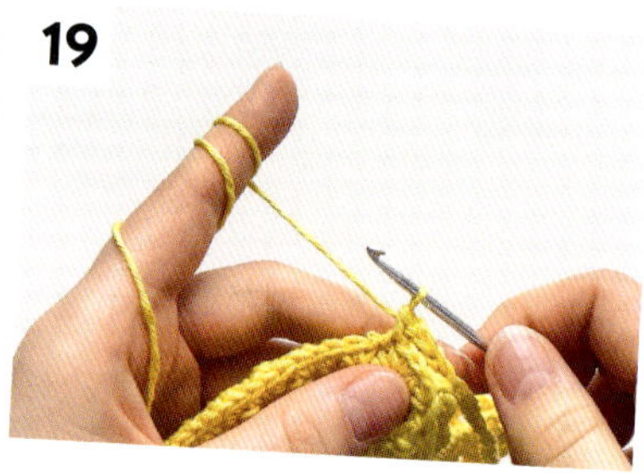

20

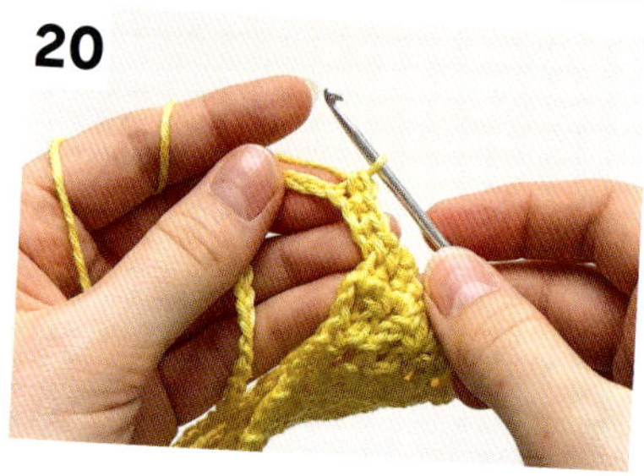

21

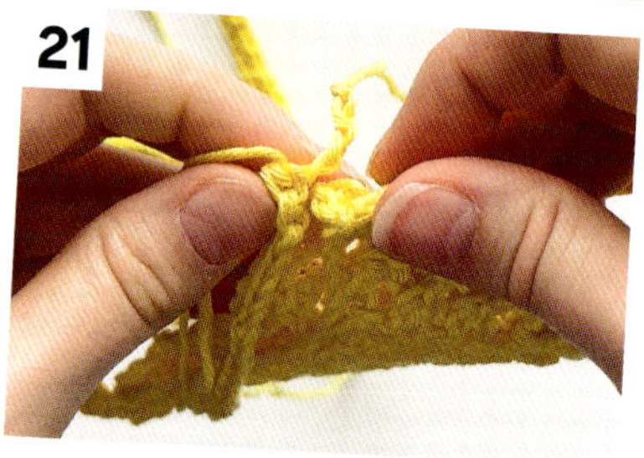

22

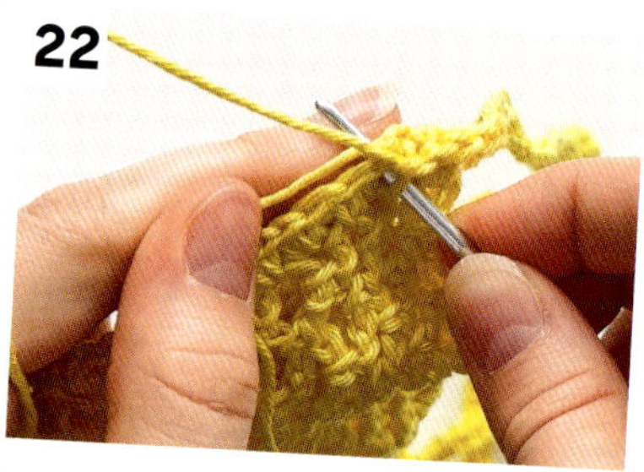

#THERESAS TIPPS

5 HANDY-HACKS

1 Um **Datenvolumen** zu sparen, schalte ich die mobilen Daten für Apps, die ich nicht regelmäßig nutze, aus & nur an, falls ich die App gerade benutze.

2 Ich klebe immer eine **Panzerfolie** aufs Display und schütze das Gehäuse mit einer durchsichtigen Hülle. Die erneuere ich einmal im halben Jahr. Die Routine hab ich schon seit Jahren. Deswegen sehen meine Handys alle top aus!

3 Alle paar Monate lade ich Videos und Fotos, die ich nicht regelmäßig brauche, auf eine **Festplatte**, um immer freien Speicherplatz zu haben.

4 Ich ändere regelmäßig meine **Passwörter**, einfach um auf Nummer sicher zu gehen.

5 Um wichtige Dinge nicht zu vergessen, stell ich mir den **Wecker**, beispielsweise wenn ich regelmäßig Medikamente einnehmen soll oder wenn ich einen Call habe.

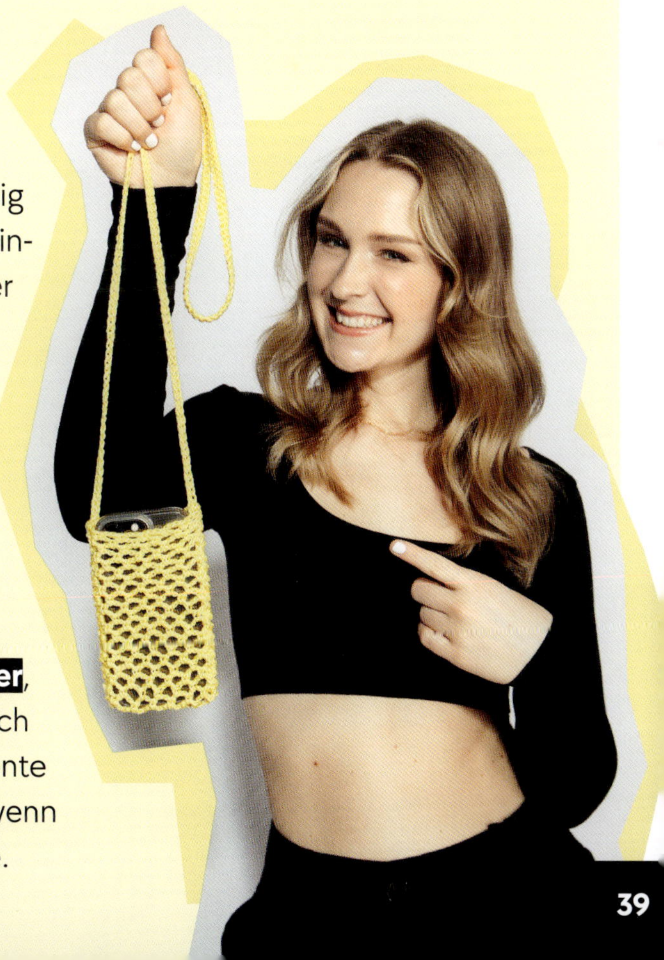

Color-Blocking-SCHAL

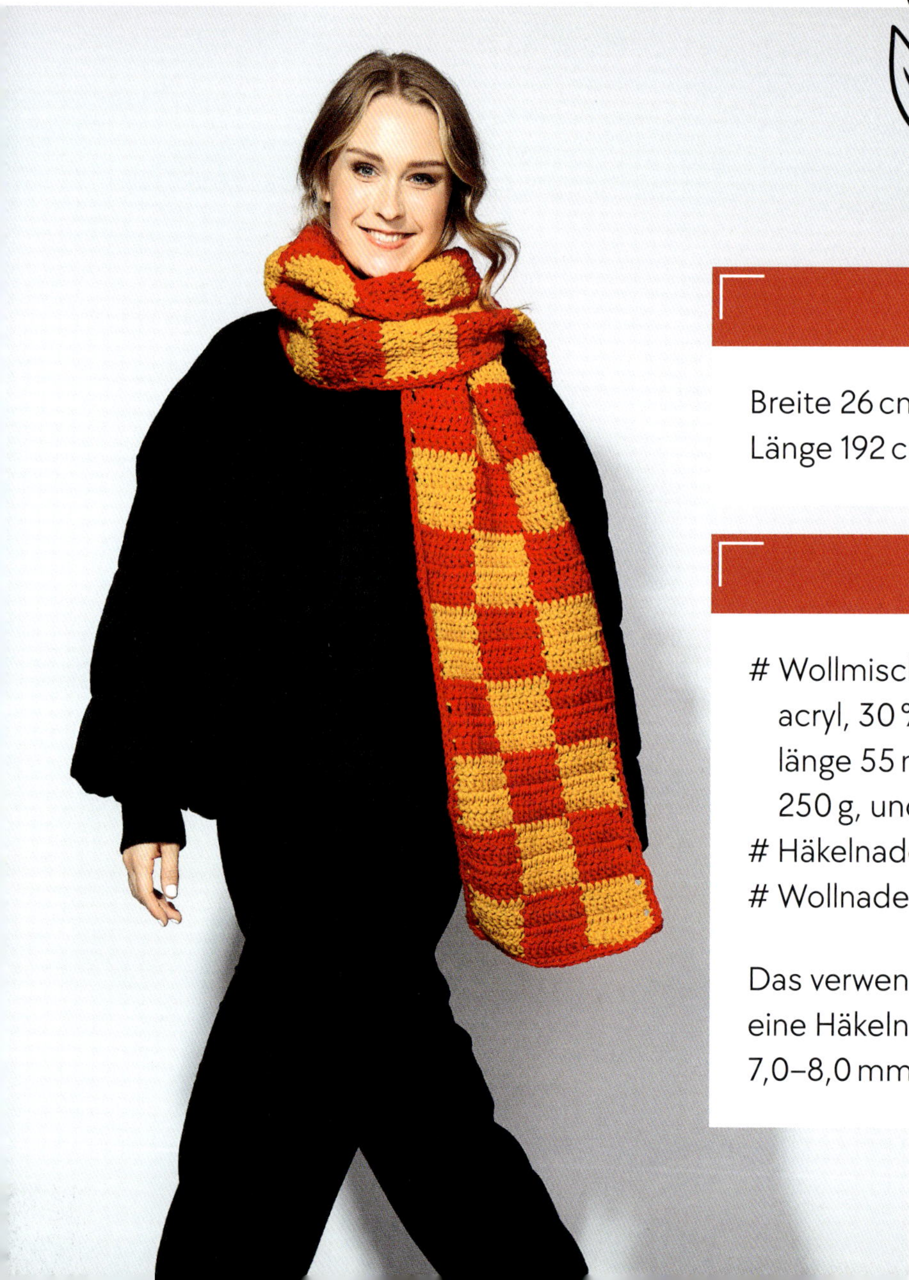

Größe

Breite 26 cm
Länge 192 cm

Material

- # Wollmischgarn (70 % Polyacryl, 30 % Schurwolle; Lauflänge 55 m/50 g) in Rot, 250 g, und Gelb, 200 g
- # Häkelnadel 7,0 mm
- # Wollnadel

Das verwendete Garn ist für eine Häkelnadel der Stärke 7,0–8,0 mm empfohlen.

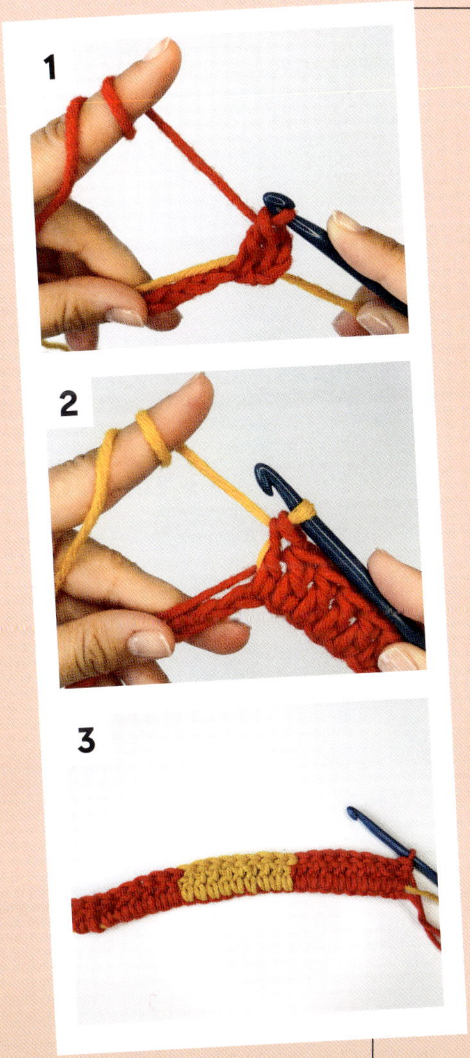

1 Häkle in Rot 26 Luftmaschen und 3 Wendeluftmaschen. Die Wendeluftmaschen zählen als das 1. Stäbchen der 1. Reihe. Lege anschließend den gelben Faden auf die Luftmaschenkette. Er wird von Anfang an mitgeführt. Beginne die 1. Reihe und häkle das 1. Stäbchen in die 4. Luftmasche von der Nadel aus.

2 Häkle anschließend in jede Masche 1 Stäbchen, dabei werden 9 Stäbchen in Rot (Achtung: das 1. Stäbchen sind die 3 Wendeluftmaschen), 9 Stäbchen in Gelb und 9 Stäbchen in Rot gehäkelt. Wie du den Farbwechsel machst, siehst du im Kasten unten.

3 Am Ende der 1. Reihe häkelst du 3 Wendeluftmaschen und wendest die Arbeit. Die 3 Wendeluftmaschen zählen als das 1. Stäbchen der nächsten Reihe. Achte darauf, den Faden, der gerade nicht benötigt wird, immer gerade mitzuführen. Überprüfe zwischendrin auch immer wieder die Rückseite der Arbeit. Du kannst den Faden geradeziehen, aber wie gesagt nicht zu fest.

Farbwechsel

Wenn du die Farbe innerhalb oder am Ende der Reihe wechselst, maschst du die letzte Masche der einen Farbe schon mit der neuen Farbe ab. Das heißt: Häkelst du das letzte Stäbchen in Rot, holst du den gelben Faden mit der Nadel und ziehst ihn durch die letzten beiden Maschen auf der Nadel. So ist der Farbübergang unsichtbar.

4 Häkle in der 2.–4. Reihe in jede Masche 1 Stäbchen in derselben Farbfolge. Das letzte Stäbchen einer Reihe wird immer in die 3. Wendeluftmasche der Vorreihe gehäkelt. Zum Schluss häkelst du 3 Wendeluftmaschen und wendest die Arbeit. Achtung: Das letzte Stäbchen der 4. Reihe wird durch den Farbwechsel in Gelb abgemascht.

5 So sollte es jetzt aussehen.

6 Häkle in der 5.–8. Reihe in jede Masche 1 Stäbchen, aber ändere nun die Farbfolge: 9 Stäbchen in Gelb, 9 Stäbchen in Rot und 9 Stäbchen in Gelb. Zum Schluss häkelst du 3 Wendeluftmaschen und wendest die Arbeit.

7 Alle folgenden Reihen werden abwechselnd wie die 1.–4. und 5.–8. Reihe gehäkelt. Lege dabei immer den Faden, den du gerade nicht brauchst, auf die Maschen der zuvor gehäkelten Reihe; so wird der Faden mitgeführt. Beende die Arbeit nach 96 Reihen. Zieh den Faden durch und schneide ihn ab.

8 Für die Umrandung schlingst du einen Faden in Rot an einer beliebigen Ecke neu an und häkelst in jede Masche 1 feste Masche bzw. in jede Reihe 2 feste Maschen. Achte darauf, immer 2 Maschenglieder zu erfassen, wenn du in die Reihen einstichst. An den 4 Ecken häkelst du jeweils 3 feste Maschen in 1 Masche. Vernähe zum Schluss alle Fäden.

4

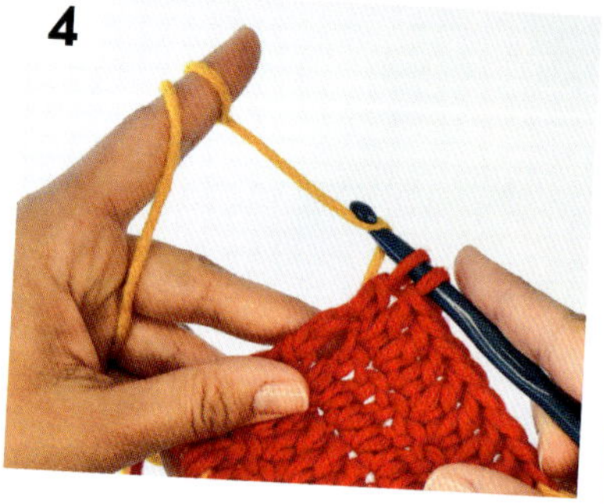

5

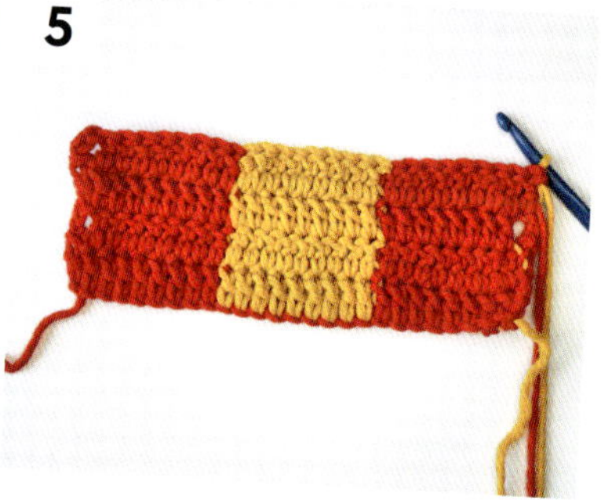

7

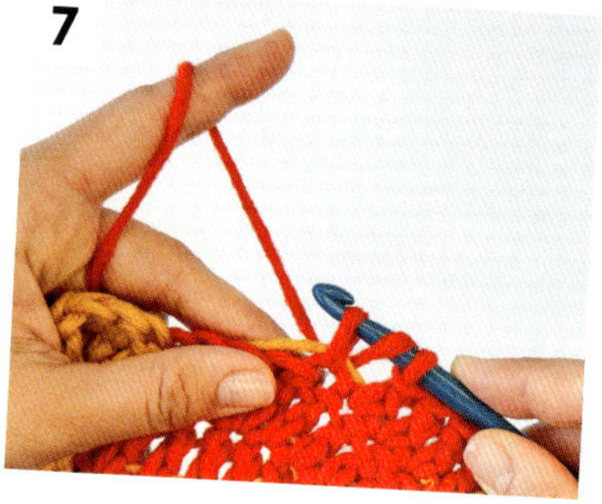

8

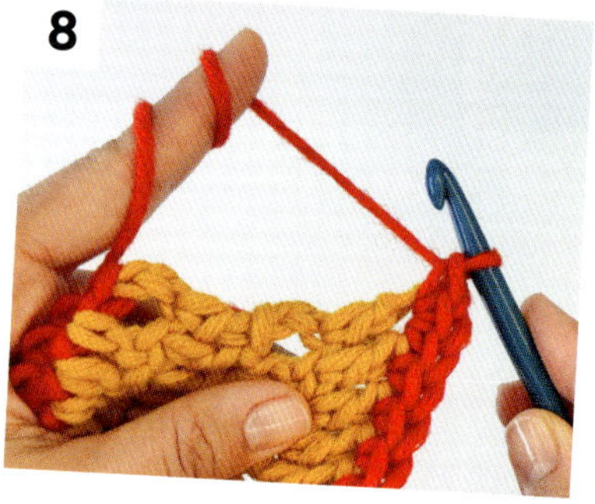

Kennst du die Tapestry-Technik?

Der Schal wird mit 2 Farben gleichzeitig gehäkelt. Häkelst du die roten Stäbchen, legst du den gelben Faden auf die Maschen der zuvor gehäkelten Reihe und umgekehrt. Die Stäbchen umfassen dann den Faden, der auf den Maschen liegt. So wird der Faden mitgeführt (siehe Foto bei Schritt 7). Achte darauf, dass du den Faden immer locker mitführst, denn sonst zieht sich der Schal zusammen.

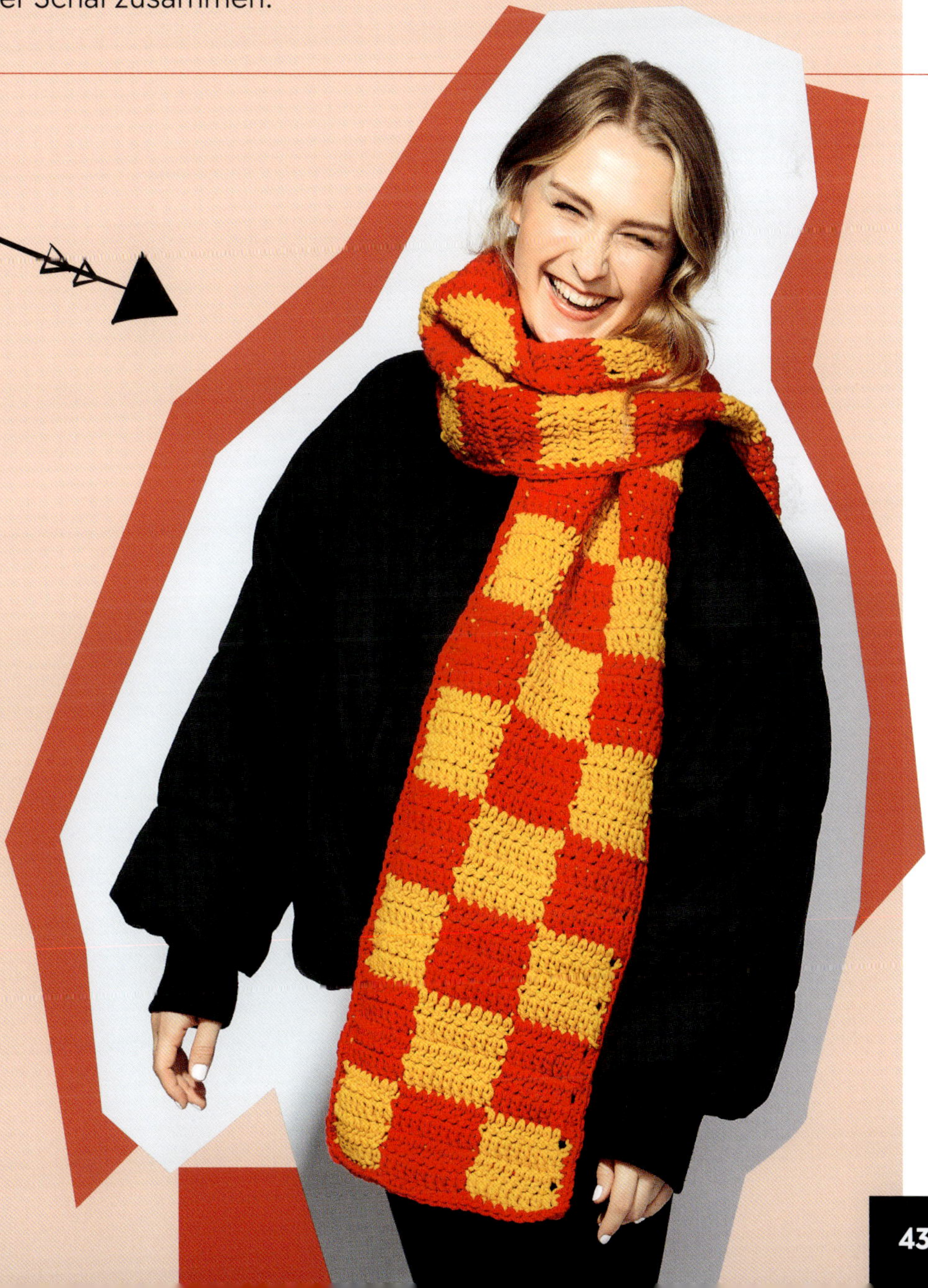

Weiches ABSCHMINKPAD

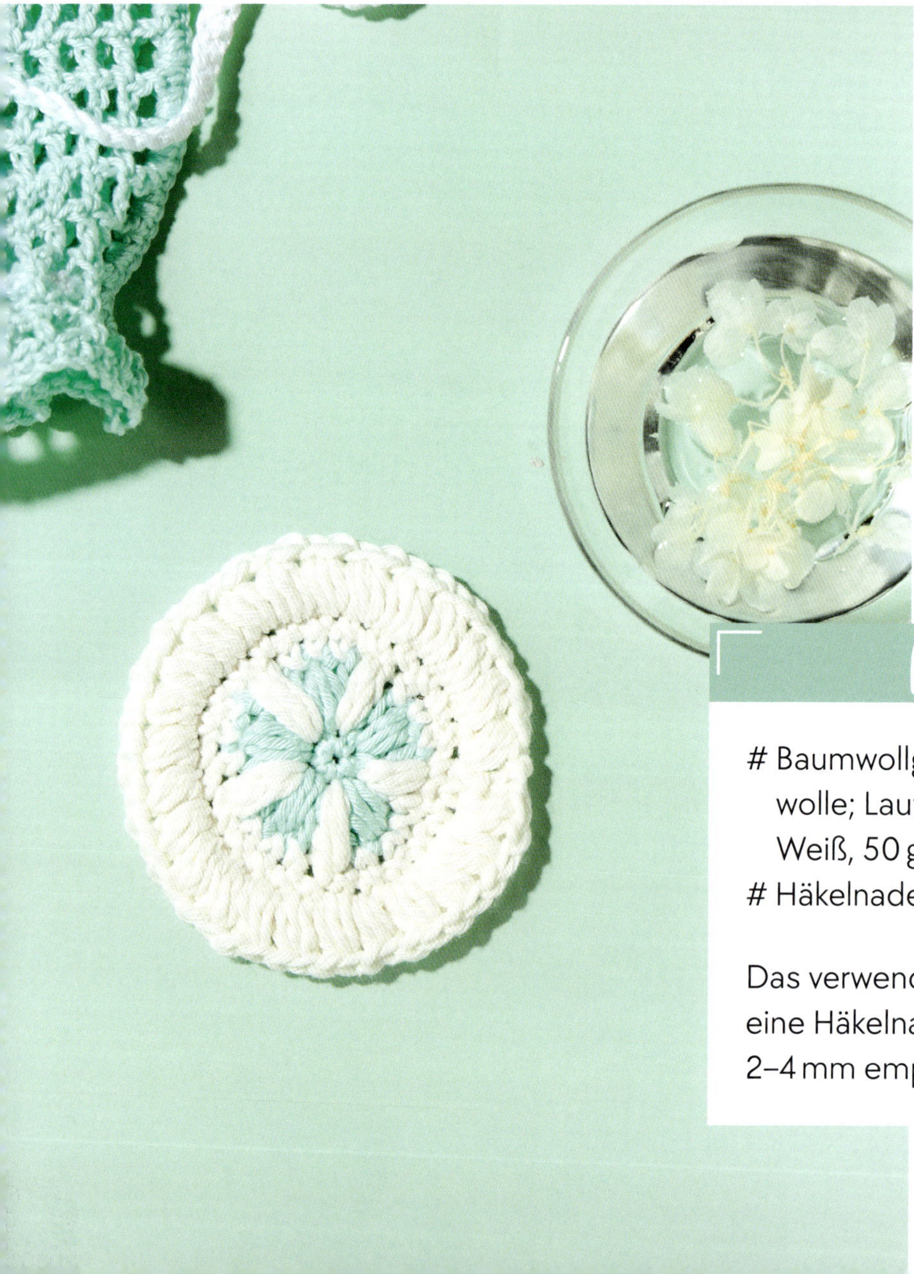

Material

- # Baumwollgarn (100 % Baumwolle; Lauflänge 131 m/50 g) in Weiß, 50 g, und in Türkis, Rest
- # Häkelnadel, 3 mm

Das verwendete Garn ist für eine Häkelnadel der Stärke 2–4 mm empfohlen.

1

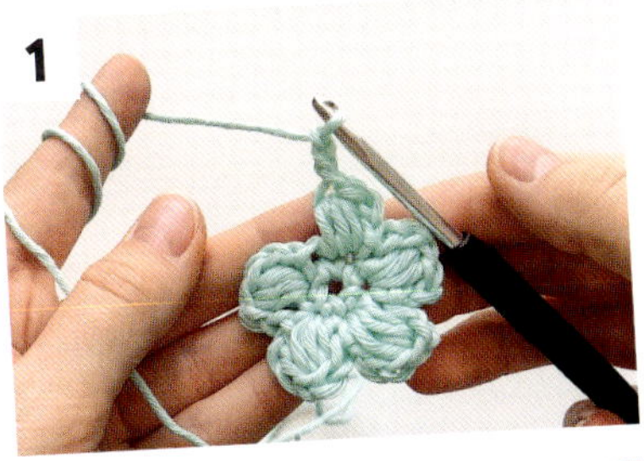

2

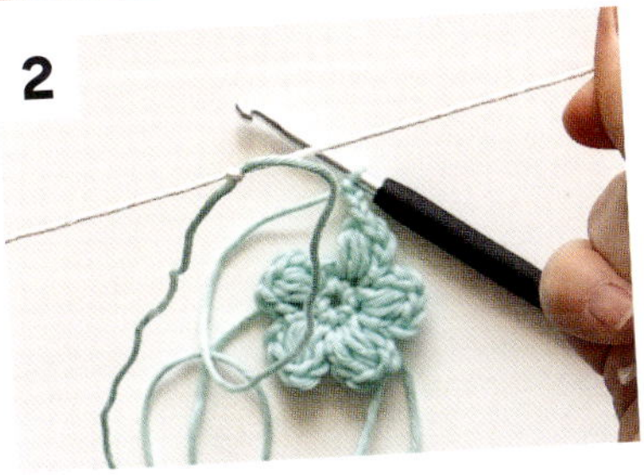

3

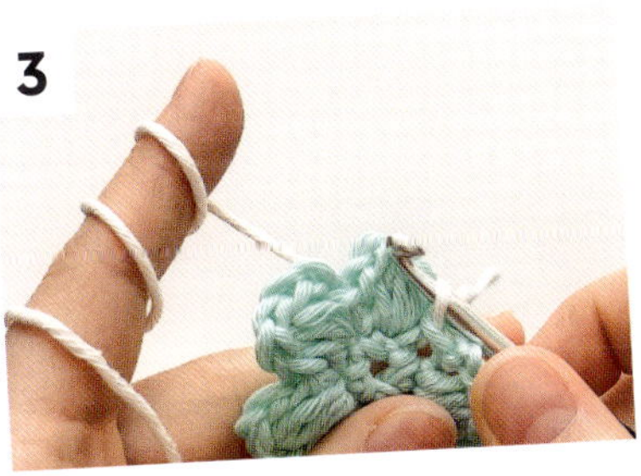

4

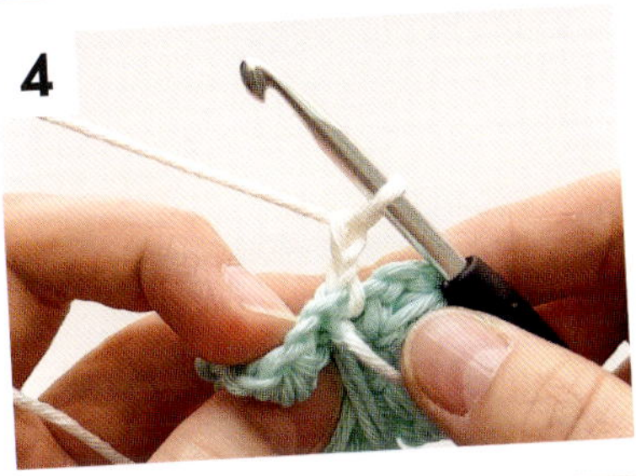

5

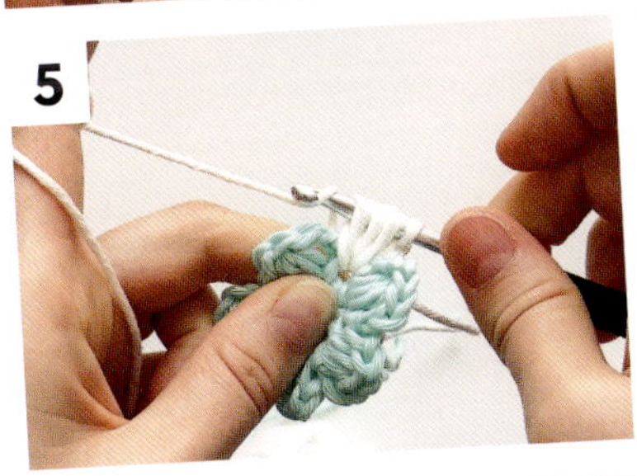

6

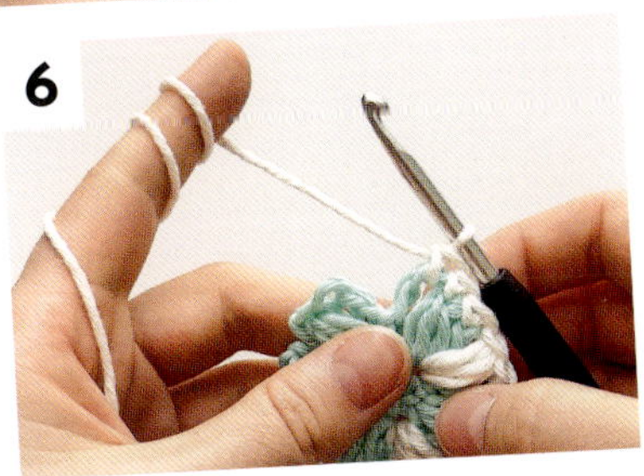

So geht's:

1 Häkle eine Blume in Türkis wie auf Seite 27–29 in Schritt 1–13 beschrieben, lass dabei jedoch die letzte Kettmasche aus.

2 Knote einen Faden in Weiß an den türkisfarbenen Arbeitsfaden und schiebe ihn bis zur Nadel.

3 Häkle 1 Kettmasche mit dem weißen Faden.

4 Häkle 2 Luftmaschen.

5 Stich zwischen den Blütenblättern ein, hole den Faden wie in der Anleitung für die Blume in Schritt 6–8 beschrieben (siehe S. 27–28), bis du 7 Schlingen auf der Nadel hast, zieh den Faden durch alle 7 Schlingen und häkle zum Schluss 1 Luftmasche.

6 Häkle 3 feste Maschen auf dem Blütenblatt.

7

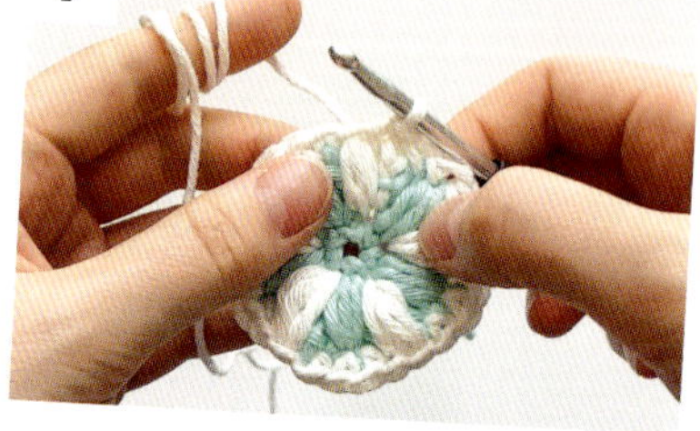

7 Wiederhole Schritt 5–6 rundherum und beende die Runde mit 1 Kettmasche.

8

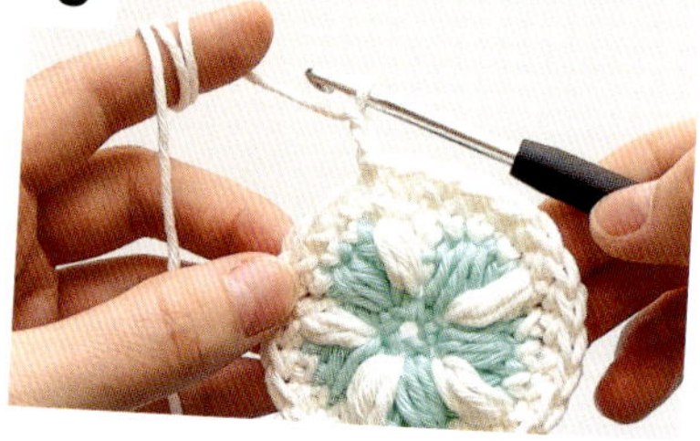

8 Häkle 1 Runde feste Maschen und beende die Runde mit 1 Kettmasche. Anschließend häkelst du 2 Luftmaschen.

9

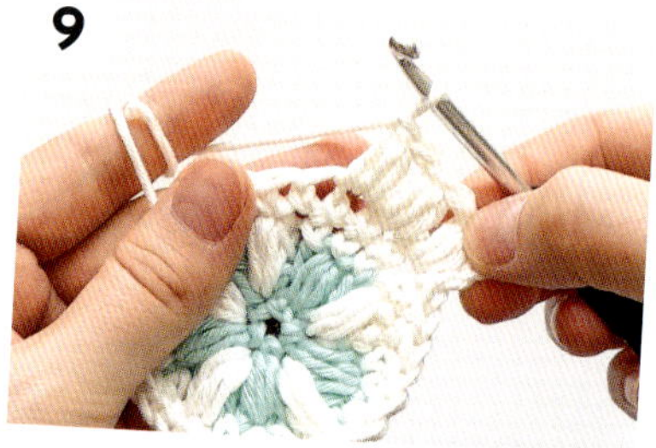

9 Stich in der nächsten Runde in jede Masche ein, hole jeweils wie in Schritt 5 beschrieben 7 Schlingen auf die Nadel, zieh den Faden durch alle 7 Schlingen und häkle 1 Luftmasche.

10

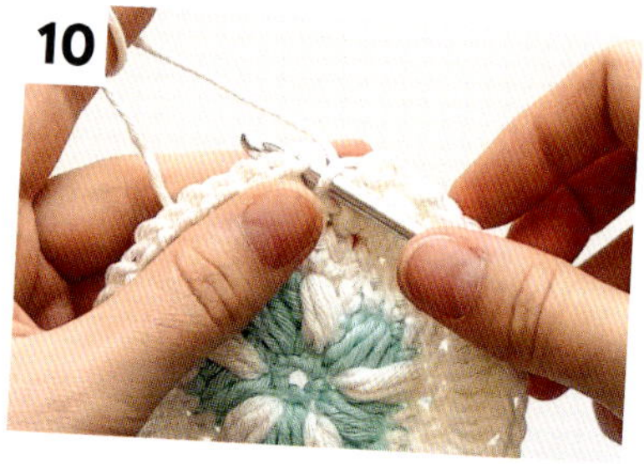

10 Beende die Runde mit 1 Kettmasche. Zieh den Faden durch, schneide ihn ab und vernähe alle Fäden.

11

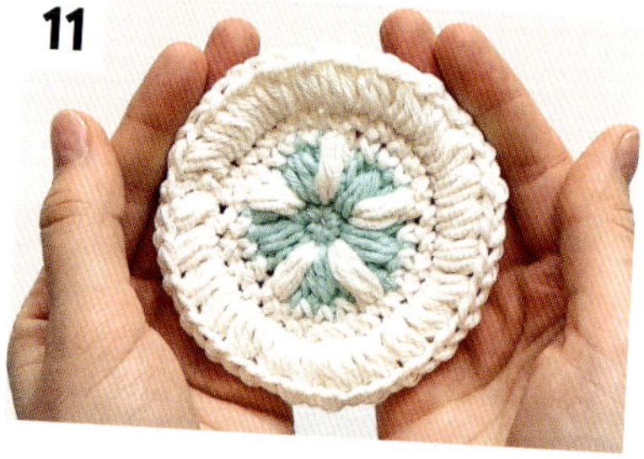

11 Fertig ist dein wiederverwendbares Abschminkpad.

Tipp

Das Wattepad kannst du bei 60 °C waschen & entweder im Trockner oder an der Luft trocknen.

THERESAS TIPPS

Abschmink-Routine

Ich empfehle dir, niemals mit Schminke schlafen zu gehen. Deine Haut verzeiht es dir vielleicht jetzt noch, aber langfristig wird sie es dir nicht danken. Mir hilft die Abschmink-Routine am Abend auch beim Einschlafen. Denn wenn der Körper sich mal daran gewöhnt hat, dass es nach dem Abschminken ins Bett geht, wird er danach automatisch in den Ruhemodus gehen.

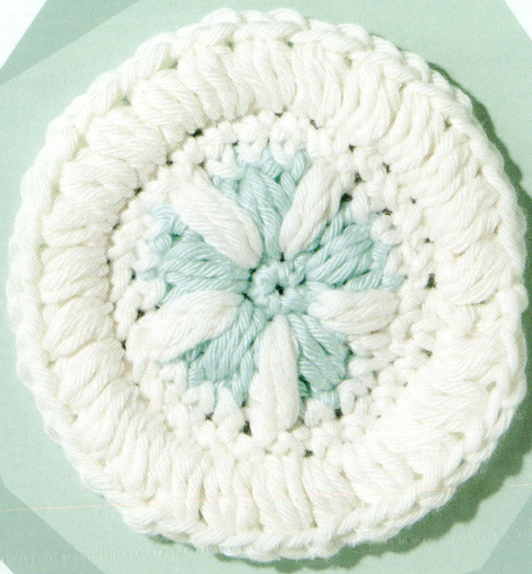

Krimskrams-
KÖRBCHEN

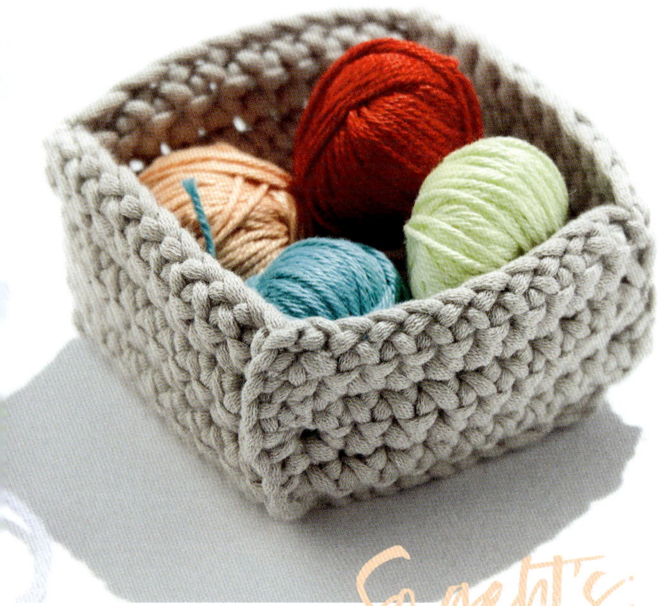

Material

- # Baumwollmischgarn (80% Baumwolle, 20% Polyamid; Lauflänge 95 m/50 g) in Grau, 50 g
- # Häkelnadel 5,0 mm
- # Wollnadel

Das verwendete Garn ist für eine Häkelnadel der Stärke 7,0–8,0 mm empfohlen.

So geht's:

1 Häkle 10 Luftmaschen und 1 Luftmasche als Wendemasche.

2 Häkle 1 feste Masche in jede Luftmasche, die Wendemasche lässt du aus; die 1. feste Masche häkelst du also in die 2. Luftmasche.

1

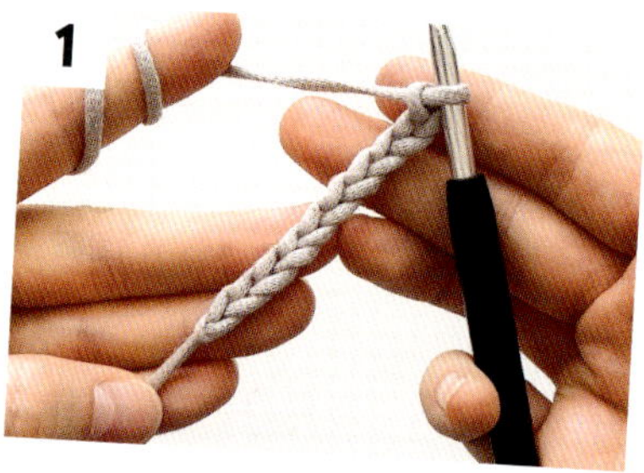

2

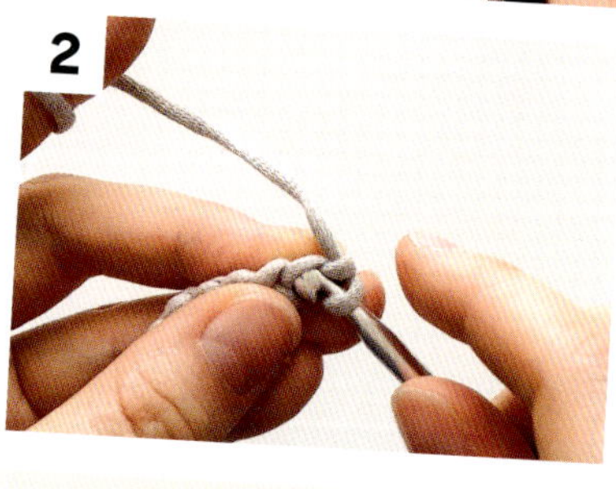

3
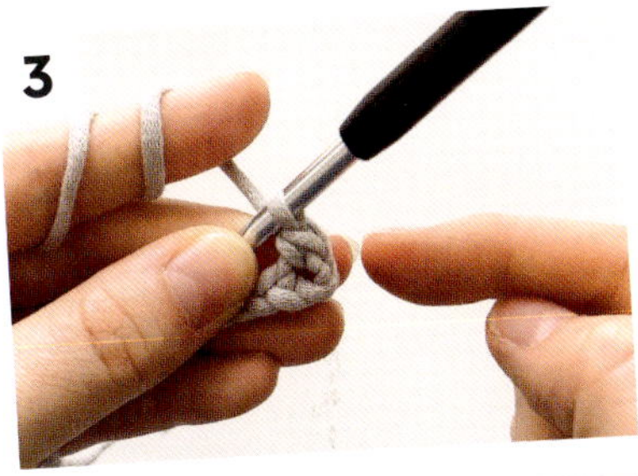

4
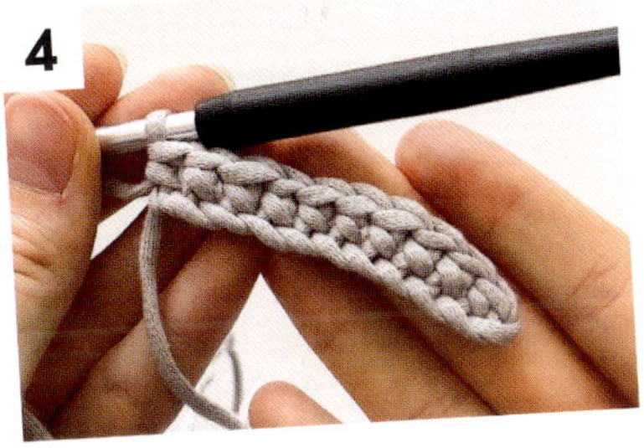

5
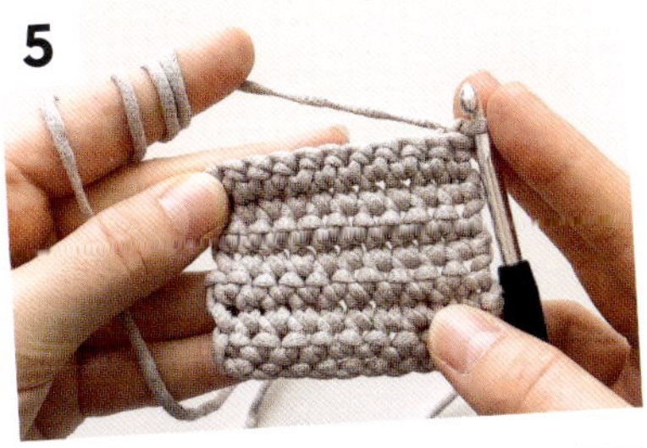

6
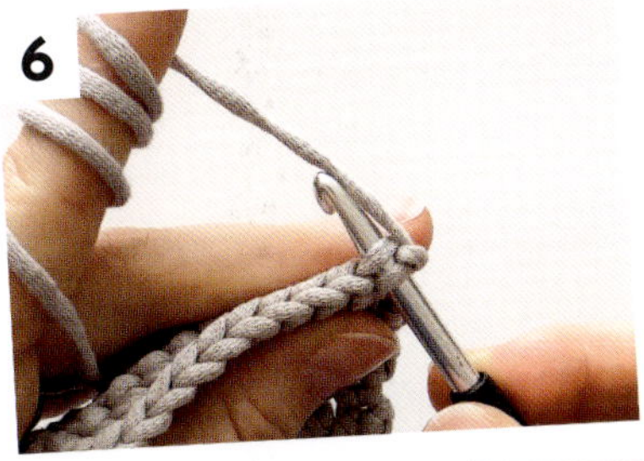

7
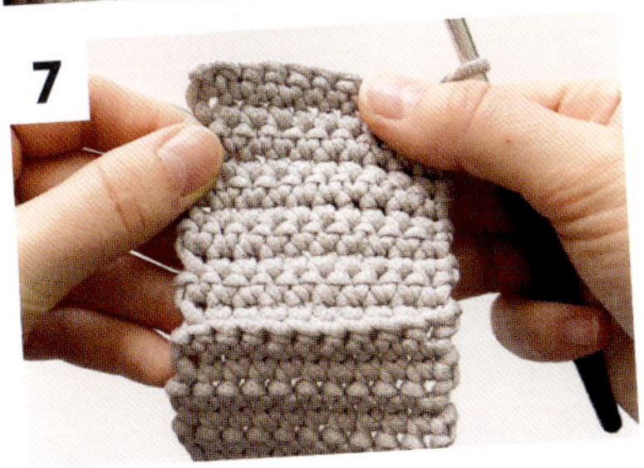

8
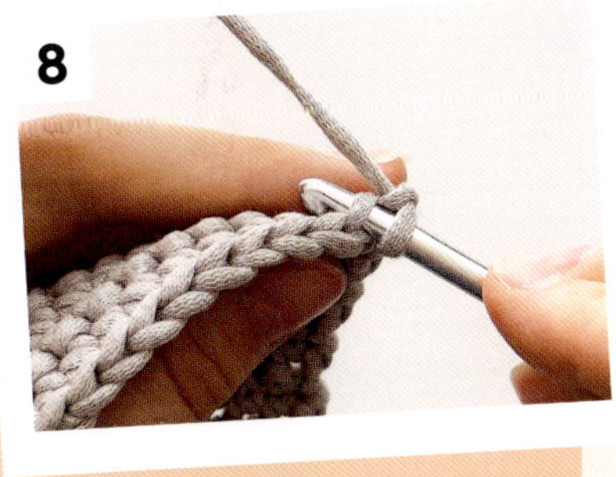

3 Die Maschenkette sollte jetzt eine schöne Ecke haben, wie du sie auf dem Bild siehst.

4 Hast du die ganze Reihe feste Maschen gehäkelt? Dann sollte es jetzt so aussehen.

5 Häkle 8 Reihen feste Maschen. Du kannst auch mehr Reihen häkeln, bis die gewünschte Höhe deines Körbchens erreicht ist.

6 Jetzt kommt die 2. Seite des Körbchens dran. Dazu häkelst du zunächst 1 Reihe feste Maschen und stichst dabei immer nur in das hintere Maschenglied ein. So entsteht die Ecke.

7 Häkle nun 9 Reihen feste Maschen (oder entsprechend mehr) und stich dabei ganz normal in die ganze Masche ein. So sollte das Ganze jetzt aussehen.

8 Für die 3. Seite des Körbchens häkelst du wieder 1 Reihe feste Maschen und stichst nur in das hintere Maschenglied ein. Achte darauf, dass die Kante außen zu dir zeigt, damit die neue Seite in die richtige Richtung knickt. Anschließend häkelst du die Seite mit festen Maschen weiter und stichst dabei jeweils wieder in die ganze Masche ein.

9 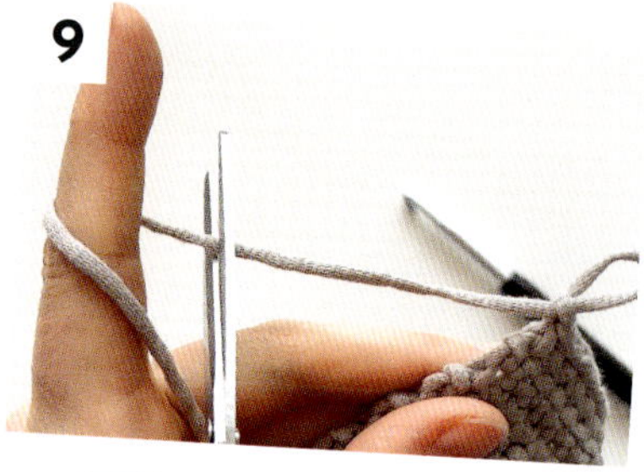

10 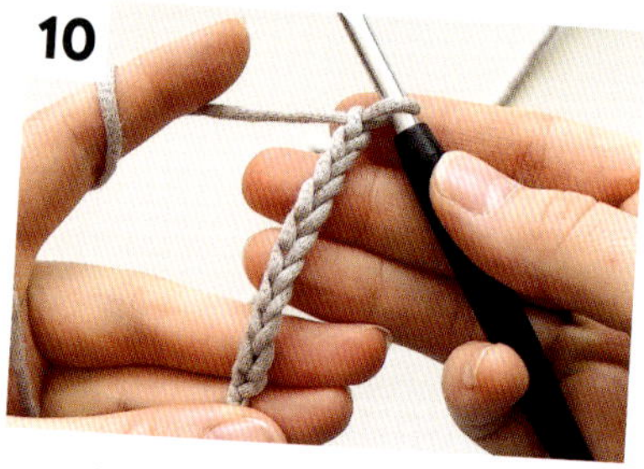

11 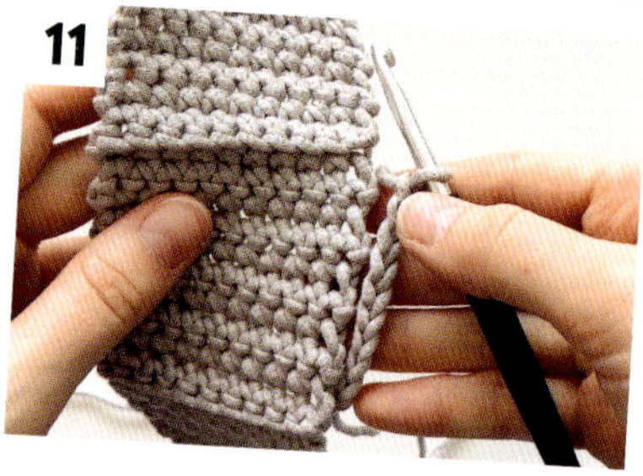

12 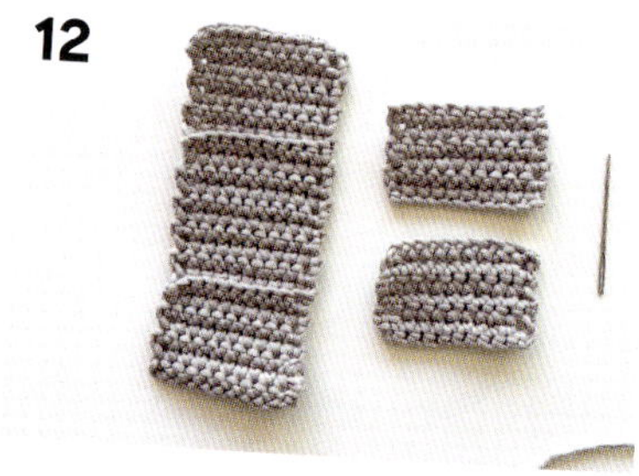

13 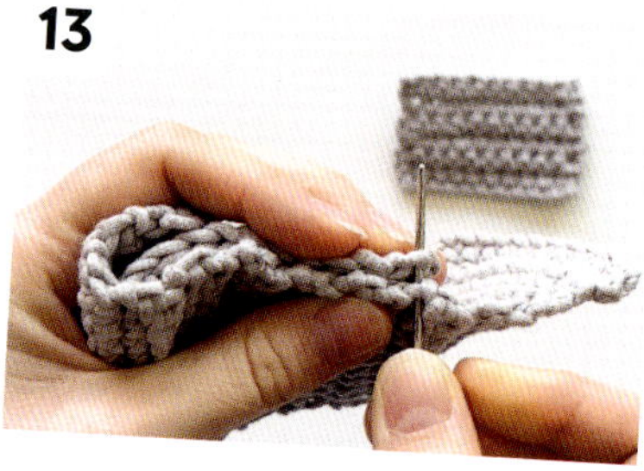

14 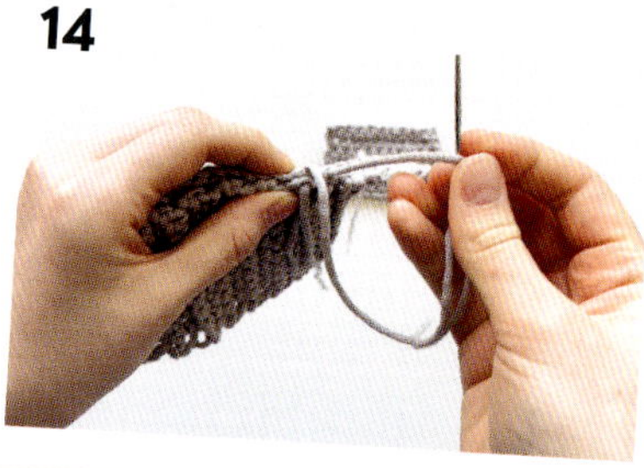

9 Zieh den Faden durch die letzte Masche und schneide ihn ab.

10 Jetzt häkelst du die beiden noch fehlenden Außenwände. Häkle dafür zunächst wieder 10 Luftmaschen und 1 Wendemasche.

11 Prüfe, ob die Länge passt. Dazu kannst du die Luftmaschenkette an einer Kante an dein bereits gehäkeltes Teil anhalten. Arbeite gegebenenfalls mehr Maschen, bis die Länge stimmt. Häkle anschließend 8 Reihen feste Maschen (oder entsprechend mehr).

12 Wiederhole Schritt 10 und 11, um die 2. Außenwand zu häkeln.

13 Jetzt nähst du die 2 Außenwände an den Korbboden und die Seitenwände an. Du kannst die Seiten auch anhäkeln, ich nähe aber lieber. Ich steche die Nadel immer durch ...

14 ... und dann noch mal durch die Schlinge, bevor ich den Faden festziehe. Das macht die Naht stabiler.

15

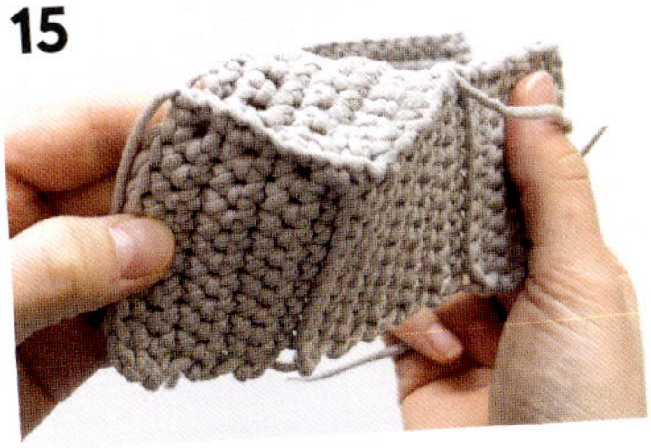

16

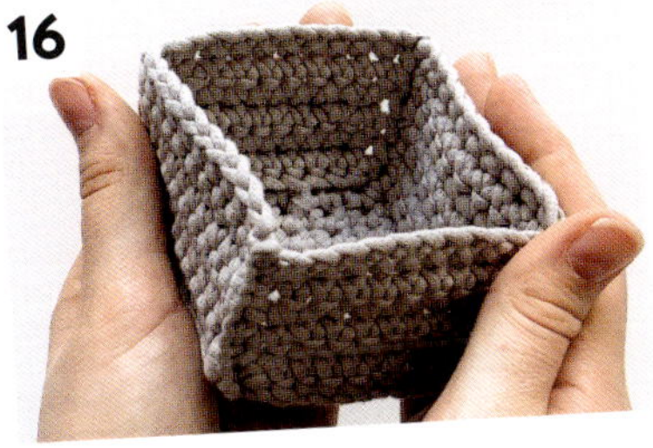

15 Wenn du beide Seiten angenäht hast, vernähst du alle Fäden.

16 Fertig ist das Körbchen.

Tipp

Du kannst das Körbchen auch in einer anderen Größe arbeiten. Wenn dein Körbchen breiter werden soll, häkelst du am Anfang mehr Luftmaschen. Wenn es höher werden soll, häkelst du mehr Reihen.

ORDNUNGS-FEE ODER CHAOS-QUEEN?

ABOUT THERESA

Ich seh' mich eher als **unordentlichen Menschen**, gleichzeitig sind mir Struktur & Ordnung superwichtig, denn wenn in der Wohnung oder am Arbeitsplatz Chaos herrscht, dann herrscht auch meistens Chaos im Kopf. Deswegen habe ich mir kleine Routinen eingebaut. Wenn ich beispielsweise zur Haustüre reinkomme, lege ich den Schlüssel immer in denselben Aufbewahrungskorb. So kann ich sicherstellen, dass ich ihn später nicht suchen muss. Ich sollte mir allerdings auch antrainieren, meine Brille immer an dieselbe Stelle zu legen, denn egal, was ich suche – ohne Brille wird es zu einer ganz anderen Challenge :D

Stylischer ROCK

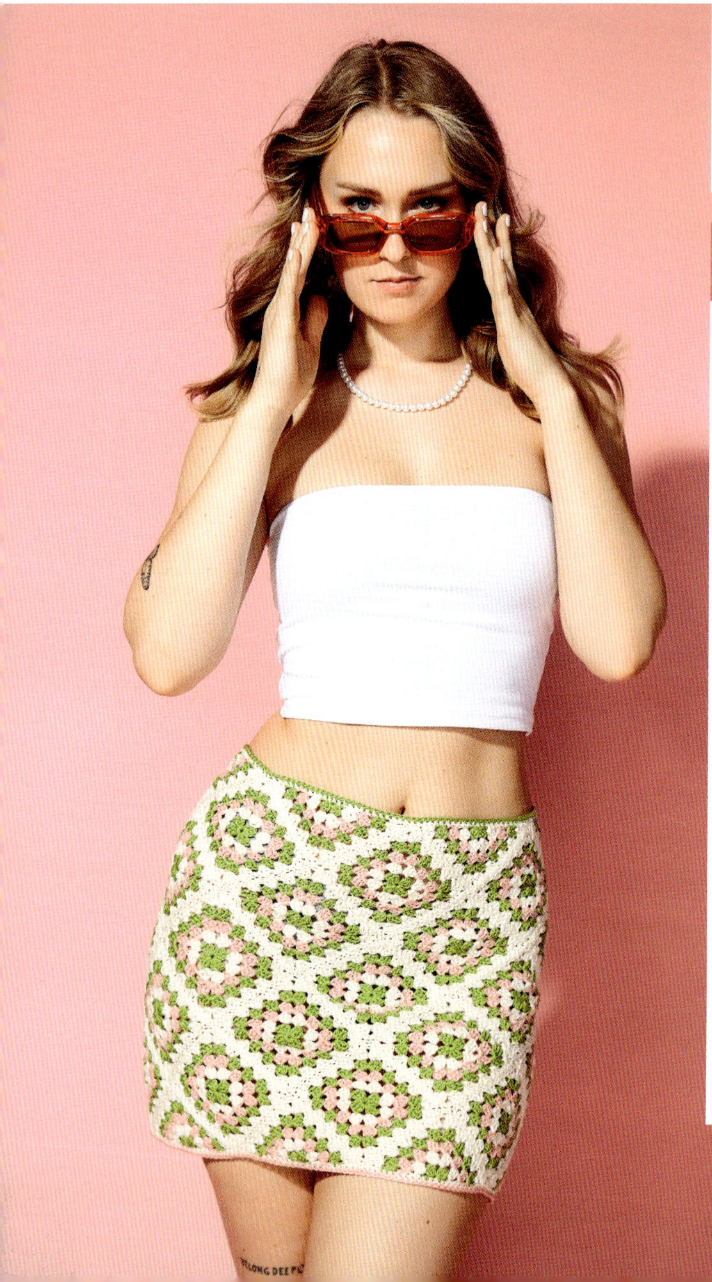

Größe

XS/S/M/L
Quadratisches Granny
9,5 x 9,5 cm

Material

- # Baumwollgarn (100 % Baumwolle; Lauflänge 125 m/50 g) in Weiß, 200/200/250/300 g, Grün, 150/150/200/200 g, und Rosa, 100/100/150/150 g
- # Satinband in Beige, 1 cm breit, 1 m
- # Häkelnadel 3,5 mm
- # Wollnadel

Das verwendete Garn ist für eine Häkelnadel der Stärke 2,5–3,5 mm empfohlen.

Die Angaben für die einzelnen Größen sind durch Schrägstriche getrennt.

Wie viele Grannys brauchst du?

Für den Rock benötigst du je nach Größe so viele quadratische und so viele dreieckige Grannys:

Größe XS: 30 Quadrate und 11 Dreiecke
Größe S: 35 Quadrate und 13 Dreiecke
Größe M: 48 Quadrate und 15 Dreiecke
Größe L: 54 Quadrate und 17 Dreiecke

Größe XS

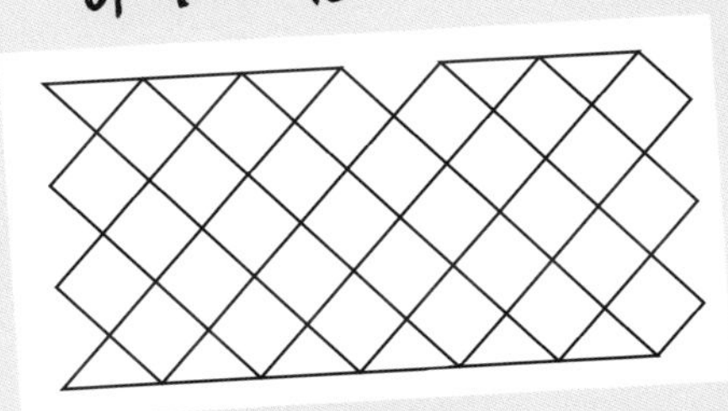

Größe M

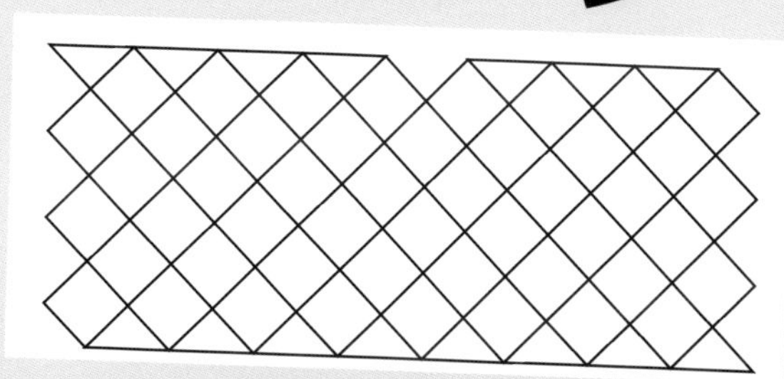

Größe S

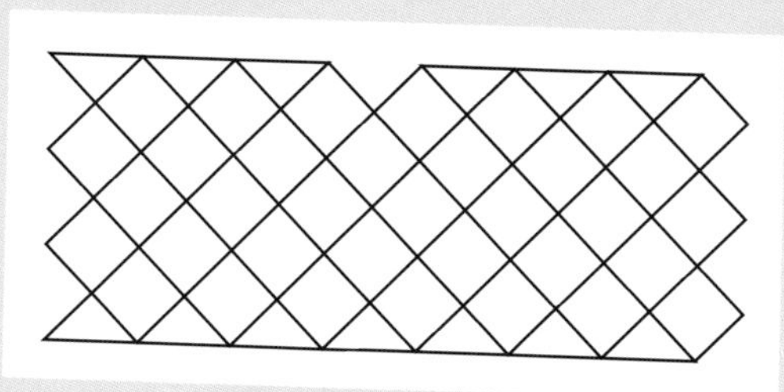

Größe L

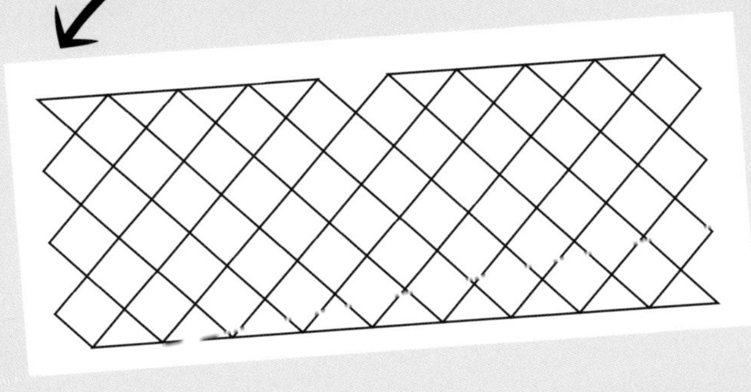

So geht's:

1 Quadratisches Granny häkeln

Arbeite einen magischen Ring in Grün. In diesen häkelst du wie folgt:

1. Runde: 3 Luftmaschen (sie zählen am Anfang immer als das 1. Stäbchen), 2 Stäbchen und 2 Luftmaschen. Dann häkelst du weiter: * 3 Stäbchen und 2 Luftmaschen. Diesen Schritt wiederholst du ab * noch 2x. Die Runde schließt du, indem du 1 Kettmasche in die 3. Luftmasche vom Rundenbeginn häkelst. Zieh den Faden durch und schneide ihn ab.

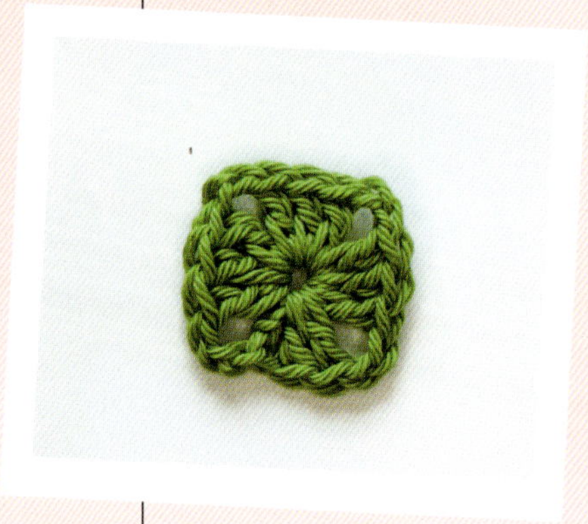

2. Runde: Schlinge einen neuen Faden in Weiß an einer der Ecken mit den Luftmaschen an und häkle wie folgt weiter: [3 Luftmaschen für 1 Stäbchen + 2 Stäbchen + 2 Luftmaschen + 3 Stäbchen] um den Luftmaschenbogen. Das ist die erste Ecke. Dann häkelst du weiter: * überspringe die Stäbchen-Gruppe der Vorrunde, häkle [3 Stäbchen + 2 Luftmaschen + 3 Stäbchen] um den folgenden Luftmaschenbogen. Das ist die zweite Ecke. Diesen Schritt wiederholst du ab * noch 2x. Die Runde beendest du, indem du 1 Kettmasche in die 3. Luftmasche vom Rundenbeginn häkelst. Zieh den Faden durch und schneide ihn ab.

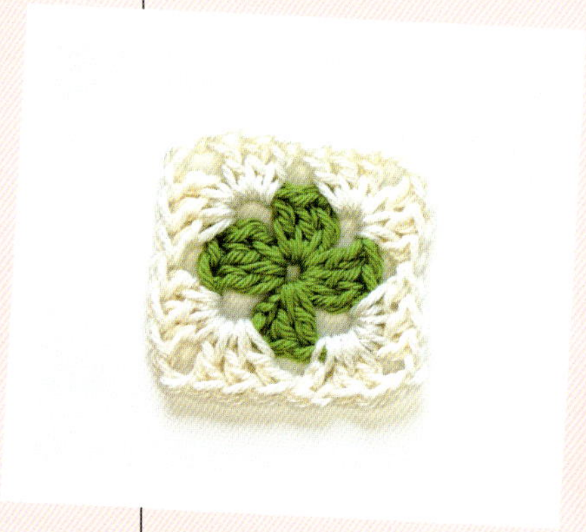

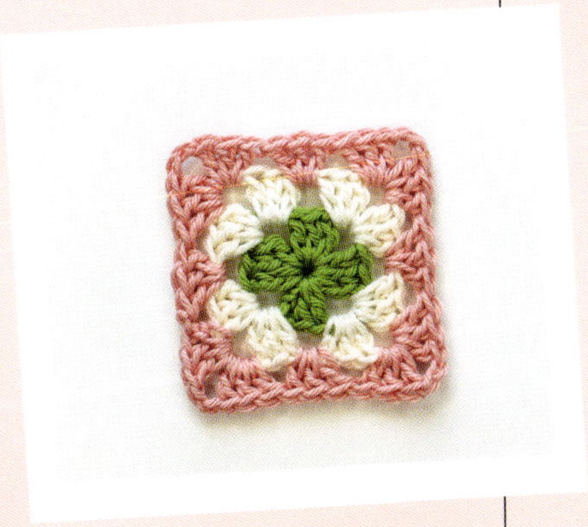

3. Runde: Schlinge einen neuen Faden in Rosa an einer der Ecken an und häkle wie folgt weiter: [3 Luftmaschen für 1 Stäbchen + 2 Stäbchen + 2 Luftmaschen + 3 Stäbchen] um den Luftmaschenbogen. Dann häkelst du weiter: * 3 Stäbchen zwischen die beiden Stäbchen-Gruppen der Vorrunde, [3 Stäbchen + 2 Luftmaschen + 3 Stäbchen] um den folgenden Luftmaschenbogen. Diesen Schritt wiederholst du ab * noch 2x. Die Runde beendest du mit 3 Stäbchen zwischen die beiden Stäbchen-Gruppen der Vorrunde und 1 Kettmasche in die 3. Luftmasche vom Rundenbeginn. Zieh den Faden durch und schneide ihn ab.

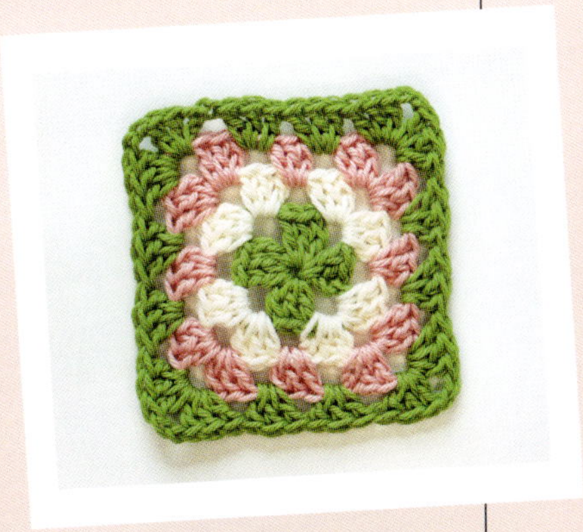

4. Runde: Schlinge einen neuen Faden in Grün an einer der Ecken an und häkle wie folgt weiter: [3 Luftmaschen für 1 Stäbchen + 2 Stäbchen + 2 Luftmaschen + 3 Stäbchen] um den Luftmaschenbogen. Dann häkelst du weiter: * 2x [3 Stäbchen zwischen die beiden Stäbchen-Gruppen der Vorrunde], [3 Stäbchen + 2 Luftmaschen + 3 Stäbchen] um den folgenden Luftmaschenbogen. Diesen Schritt wiederholst du ab * noch 2x. Die Runde beendest du mit 2x [3 Stäbchen zwischen die beiden Stäbchen-Gruppen der Vorrunde] und 1 Kettmasche in die 3. Luftmasche vom Rundenbeginn. Zieh den Faden durch und schneide ihn ab.

5. Runde: Schlinge einen neuen Faden in Weiß an einer der Ecken an und häkle wie folgt weiter: [3 Luftmaschen für 1 Stäbchen + 2 Stäbchen + 2 Luftmaschen + 3 Stäbchen] um den Luftmaschenbogen. Dann häkelst du weiter: * 3x [3 Stäbchen zwischen die beiden Stäbchen-Gruppen der Vorrunde], [3 Stäbchen + 2 Luftmaschen + 3 Stäbchen] um den folgenden Luftmaschen-Bogen. Diesen Schritt wiederholst du ab * noch 2x. Die Runde beendest du mit 3x [3 Stäbchen zwischen die beiden Stäbchen-Gruppen der Vorrunde] und 1 Kettmasche in die 3. Luftmasche vom Rundenbeginn. Zieh den Faden durch und schneide ihn lang ab. Du brauchst ihn später zum Zusammennähen der Grannys.

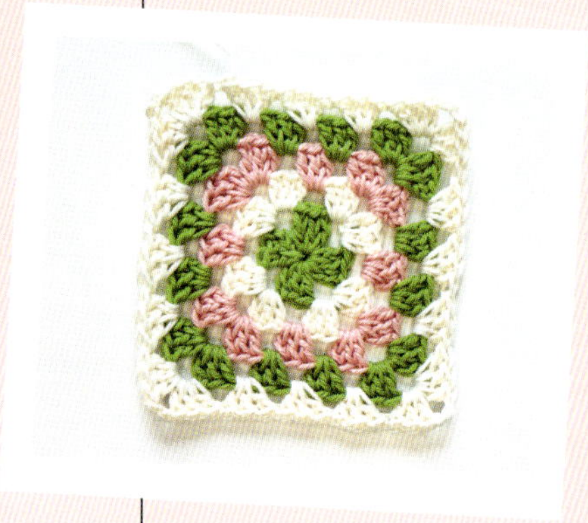

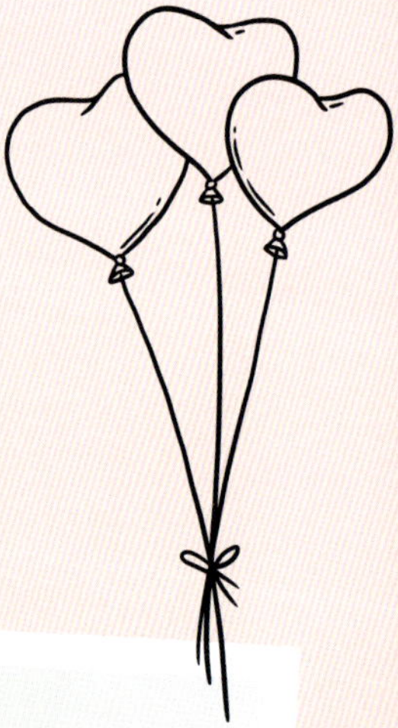

2 Dreieckiges Granny häkeln

Arbeite einen magischen Ring in Grün. In diesen häkelst du wie folgt:

1. Runde: 3 Luftmaschen (sie zählen am Anfang immer als das 1. Stäbchen), 1 Luftmasche, 3 Stäbchen, 2 Luftmaschen, 3 Stäbchen, 1 Luftmasche, 1 Stäbchen. Zieh den Faden durch und schneide ihn ab.

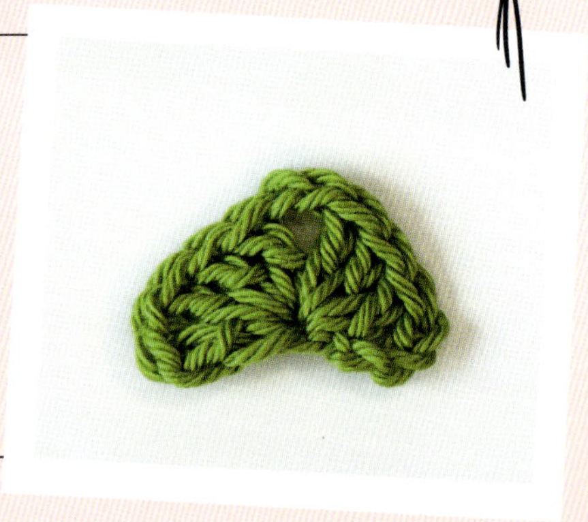

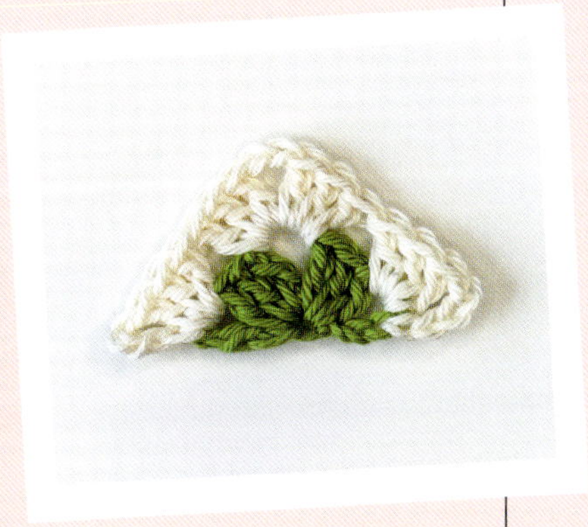

2. Runde: Schlinge einen neuen Faden in Weiß an der 3. Luftmasche von rechts an, du häkelst also immer in dieselbe Richtung. Dann häkelst du wie folgt weiter: 3 Luftmaschen für 1 Stäbchen, 1 Luftmasche, 3 Stäbchen um den Luftmaschenbogen. Für die Spitze des Dreiecks häkelst du [3 Stäbchen, 2 Luftmaschen, 3 Stäbchen] um den Luftmaschenbogen. Zum Schluss häkelst du 3 Stäbchen um den Luftmaschenbogen, 1 Luftmasche und 1 Stäbchen in das Stäbchen der Vorrunde. Zieh den Faden durch und schneide ihn ab.

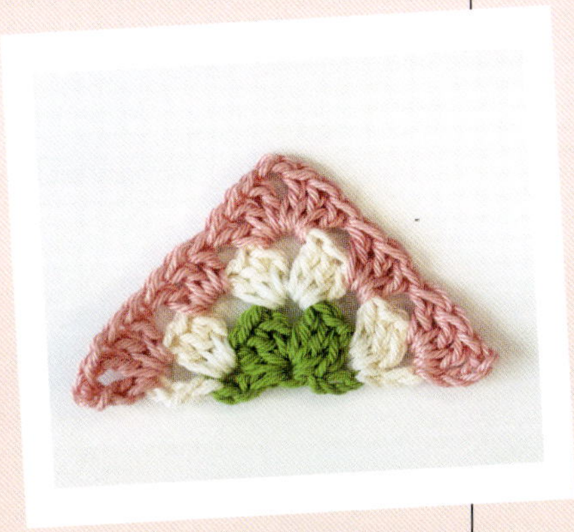

3. Runde: Schlinge einen neuen Faden in Rosa an der 3. Luftmasche von rechts an und häkle wie folgt weiter: 3 Luftmaschen für 1 Stäbchen, 1 Luftmasche, 3 Stäbchen um den Luftmaschenbogen, 3 Stäbchen zwischen die beiden Stäbchen-Gruppen der Vorrunde. Für die Spitze des Dreiecks häkelst du wieder [3 Stäbchen, 2 Luftmaschen, 3 Stäbchen] um den Luftmaschenbogen. Zum Schluss häkelst du 3 Stäbchen zwischen die beiden Stäbchen-Gruppen der Vorrunde, 3 Stäbchen um den Luftmaschenbogen, 1 Luftmasche und 1 Stäbchen in das Stäbchen der Vorrunde. Zieh den Faden durch und schneide ihn ab.

4. Runde: Schlinge einen neuen Faden in Grün an der 3. Luftmasche von rechts an und häkle wie folgt weiter: 3 Luftmaschen für 1 Stäbchen, 1 Luftmasche, 3 Stäbchen um den Luftmaschenbogen, 2x [3 Stäbchen zwischen die beiden Stäbchen-Gruppen der Vorrunde]. Für die Spitze des Dreiecks häkelst du wieder [3 Stäbchen, 2 Luftmaschen, 3 Stäbchen] um den Luftmaschenbogen. Zum Schluss häkelst du 2x [3 Stäbchen zwischen die beiden Stäbchen-Gruppen der Vorrunde], 3 Stäbchen um den Luftmaschenbogen, 1 Luftmasche und 1 Stäbchen in das Stäbchen der Vorrunde. Zieh den Faden durch und schneide ihn ab.

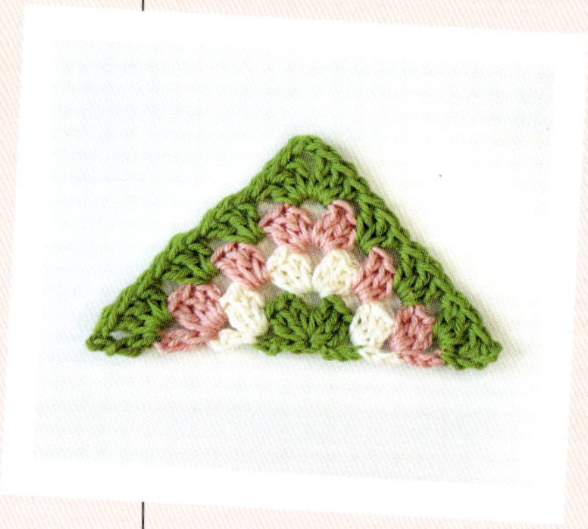

5. Runde: Schlinge einen neuen Faden in Weiß an der 3. Luftmasche von rechts an und häkle wie folgt weiter: 3 Luftmaschen für 1 Stäbchen, 1 Luftmasche, 3 Stäbchen um den Luftmaschenbogen, 3x [3 Stäbchen zwischen die beiden Stäbchen-Gruppen der Vorrunde]. Für die Spitze des Dreiecks häkelst du wieder [3 Stäbchen, 2 Luftmaschen, 3 Stäbchen] um den Luftmaschenbogen. Zum Schluss häkelst du 3x [3 Stäbchen zwischen die beiden Stäbchen-Gruppen der Vorrunde], 3 Stäbchen um den Luftmaschenbogen, 1 Luftmasche und 1 Stäbchen in das Stäbchen der Vorrunde. Zieh den Faden durch und schneide ihn lang ab. Du brauchst ihn später zum Zusammennähen der Grannys.

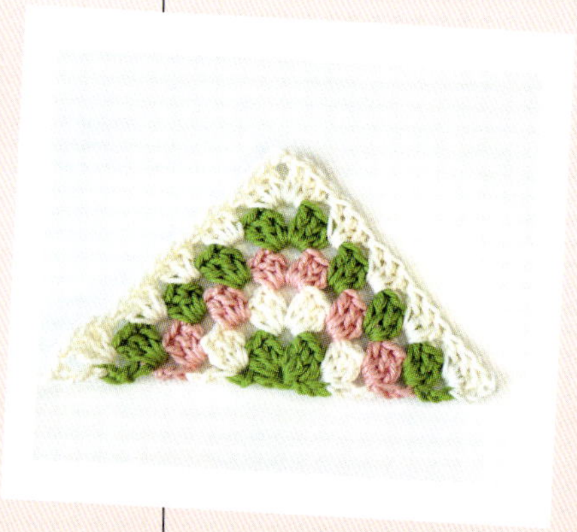

3 Die Grannys zusammennähen

Vernähe alle Fäden bis auf die Fäden der jeweils letzten Runde. Nähe die Grannys anschließend wie auf der Schemazeichnung (siehe S. 53) zusammen.

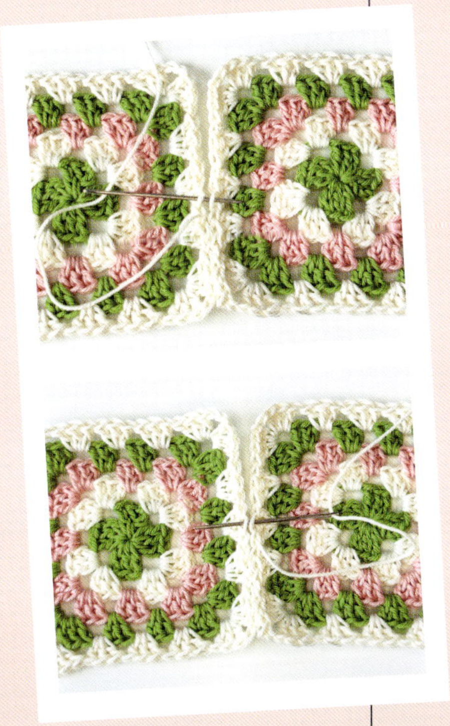

Lege dafür die Grannys mit der „schönen" Seite nach oben. Achte darauf, dass die Maschen der letzten Runde jeweils genau nebeneinanderliegen. Fädle einen Faden in Weiß auf die Wollnadel, stich durch jeweils ein Maschenglied von zwei gegenüberliegenden Maschen und hole den Faden von links nach rechts durch.

Bei den nächsten beiden Maschen holst du den Faden von rechts nach links durch.

So nähst du hin und her, bis die beiden Grannys zusammengenäht sind. Füge auf diese Weise alle Grannys zu einem Rock zusammen. Auf der Rückseite bleibt ein Dreieck frei. Hier wird später das Band eingefädelt.

4 Den Rocksaum häkeln

Für den Rocksaum schlingst du einen neuen Faden in Weiß an der Rückseite an und häkelst wie folgt:

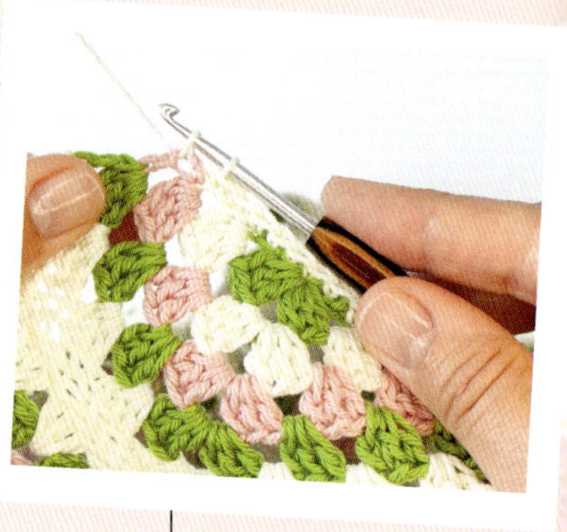

1. Runde: Umhäkle den Rock mit festen Maschen, indem du in jede Reihe der Grannys 2 feste Maschen arbeitest. Die Runde schließt du mit 1 Kettmasche in die 1. feste Masche. Achte darauf, dass du immer 2 Maschenglieder erfasst, wenn du in die Reihen einstichst.

2. Runde: Arbeite mit Rosa weiter und häkle in jede Masche 1 feste Masche. Die Runde schließt du mit 1 Kettmasche, ziehst den Faden durch, schneidest ihn in ab und vernähst ihn.

THERESAS STYLE

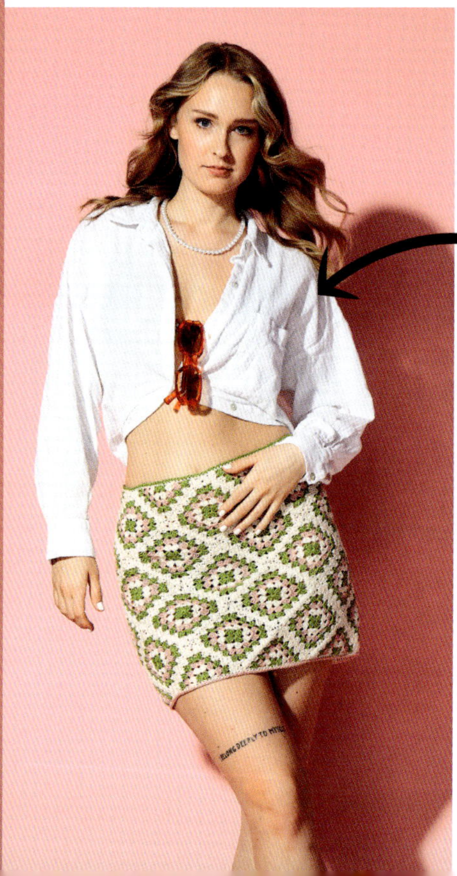

Bluse statt Top
Superlässig &
dennoch elegant –
ich liebe den Look!

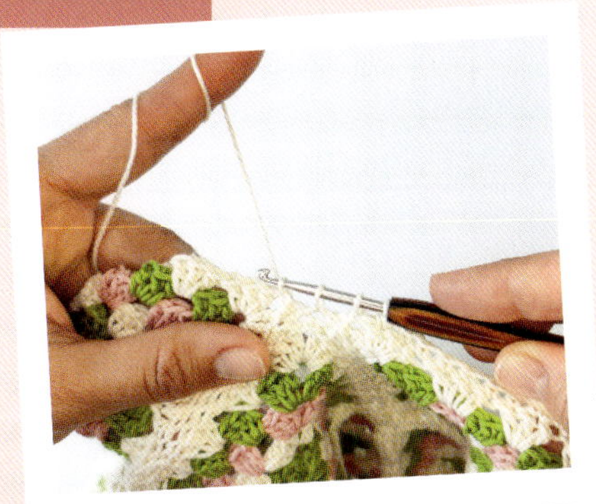

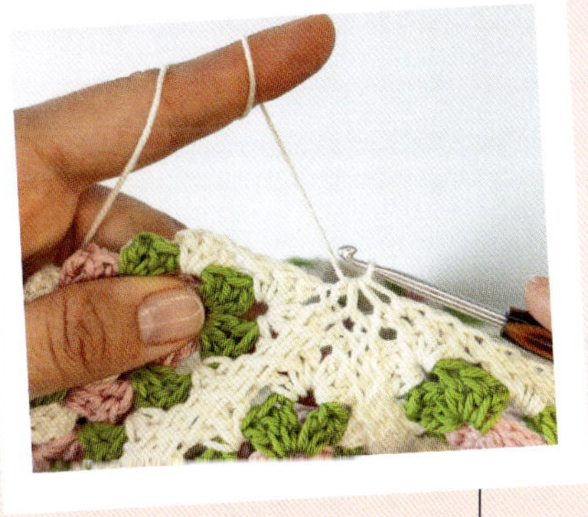

5 Den Bund häkeln

Schlinge einen neuen Faden in Weiß an der Rückseite an und häkle wie folgt:

1. Runde: Häkle in jede Reihe der Grannys 2 feste Maschen und am fehlenden Granny in jede Masche 1 feste Masche. In der Spitze musst du 3 feste Maschen zusammen abmaschen (siehe Fotos). Die Runde schließt du mit 1 Kettmasche in die 1. feste Masche.

2. Runde: Arbeite mit Grün weiter und häkle in jede Masche 1 feste Masche. Auch hier maschst du in der inneren Spitze 3 feste Maschen zusammen ab. Die Runde schließt du mit 1 Kettmasche, ziehst den Faden durch, schneidest ihn in ab und vernähst ihn.

6 Das Satinband einfädeln

Den Rock kannst du vorsichtig auf kleinster Stufe von der Rückseite glatt bügeln. Zum Schluss fädelst du das Satinband im Zickzack ein.

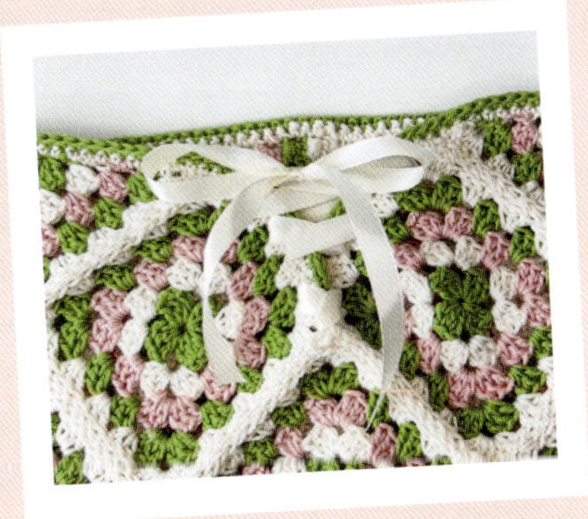

Home for MY GREENS

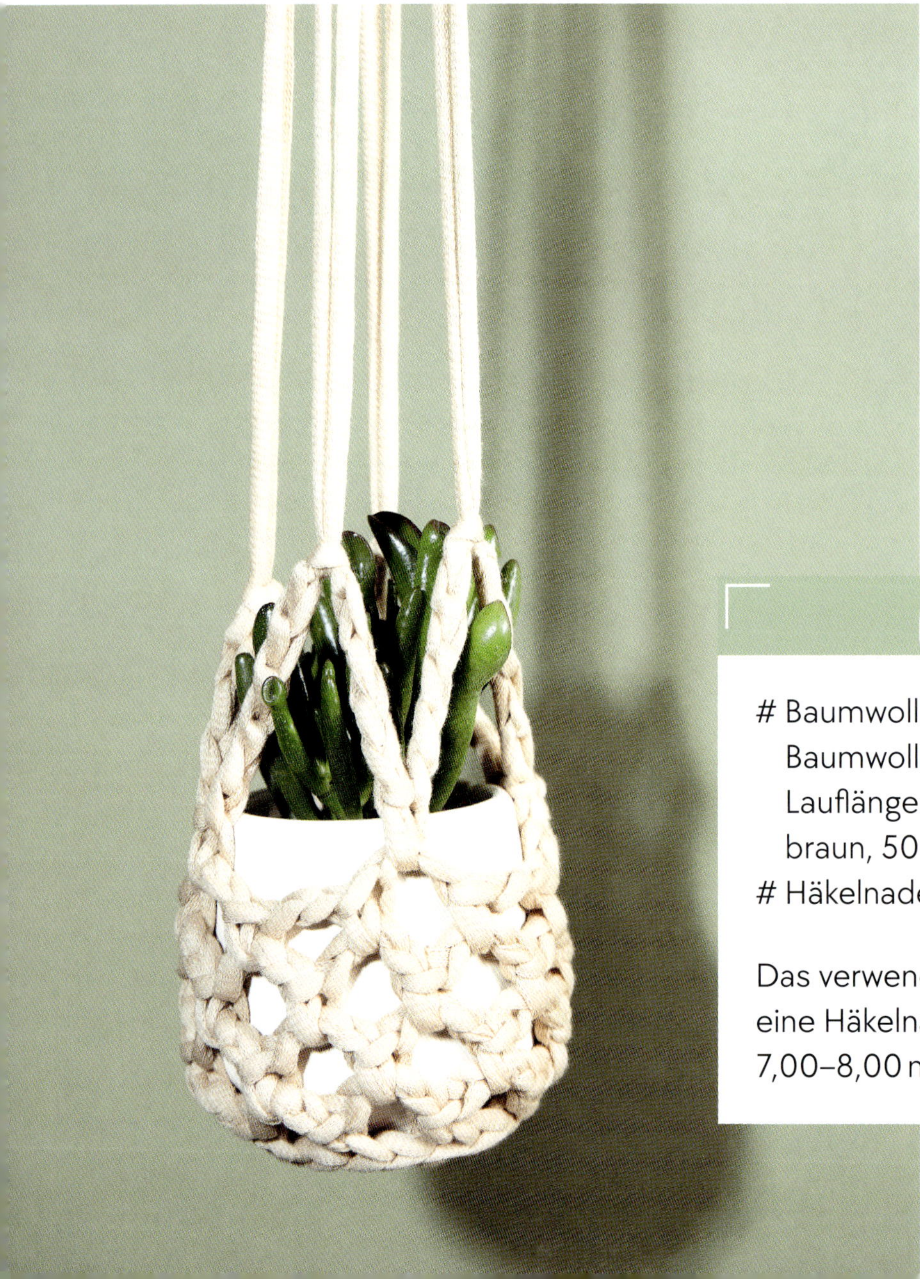

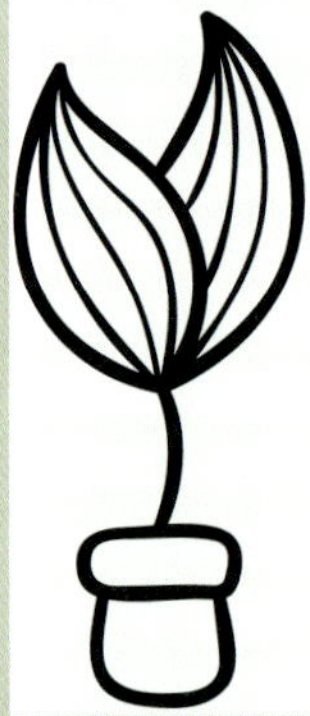

Material

- # Baumwollmischgarn (70 % Baumwolle, 30 % Polyamid; Lauflänge 74 m/100 g) in Hellbraun, 50 g
- # Häkelnadel 9 mm

Das verwendete Garn ist für eine Häkelnadel der Stärke 7,00–8,00 mm empfohlen.

1

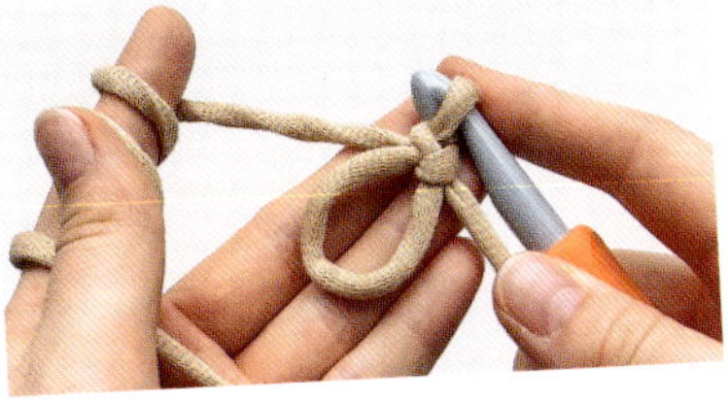

2

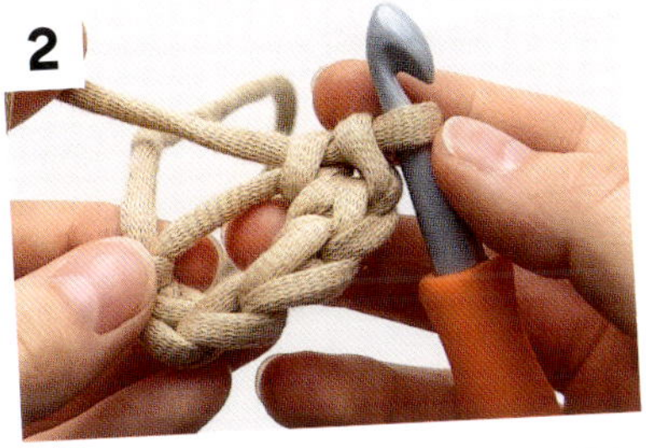

3

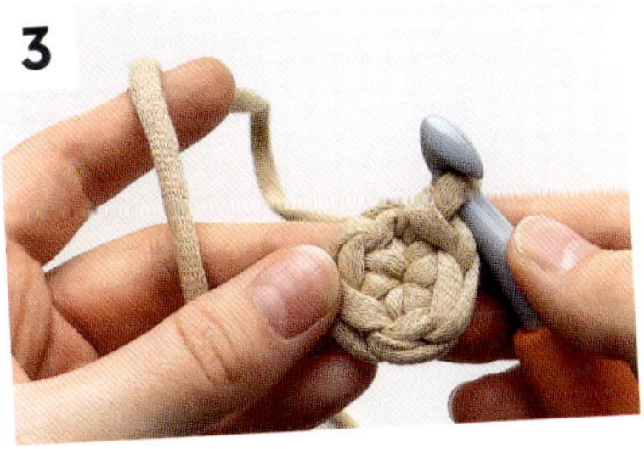

4

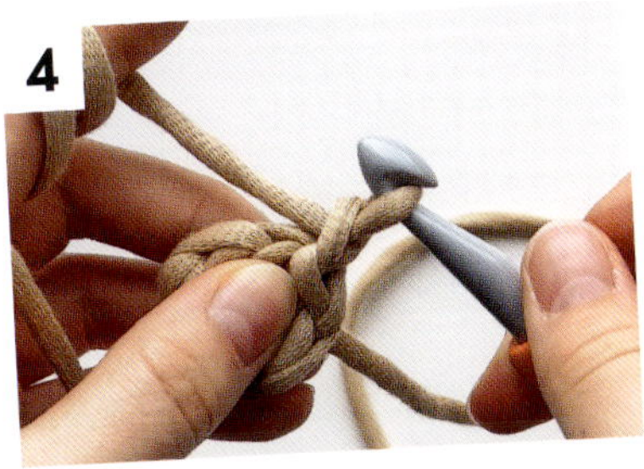

5

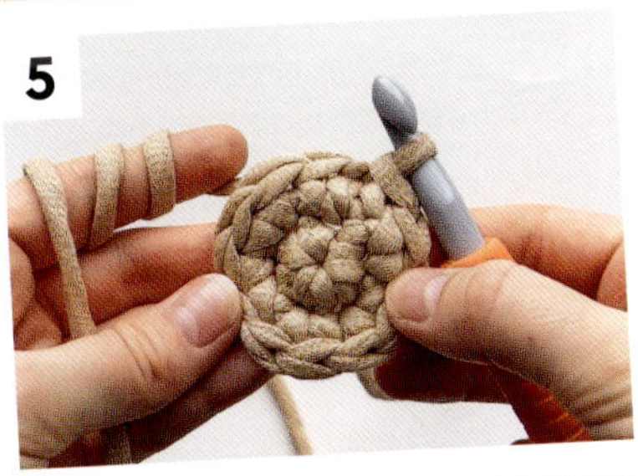

6

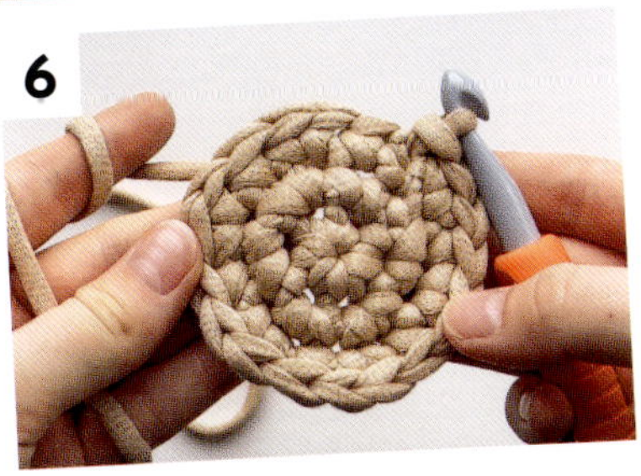

So geht's:

1 Starte mit einem magischen Ring.

2 Häkle 5 feste Maschen in den magischen Ring.

3 Schließe die Runde mit 1 Kettmasche in die Anfangsmasche. Zieh am Anfangsfaden und das Loch in der Mitte des magischen Rings schließt sich.

4 Häkle 1 Luftmasche.

5 Häkle in der 1. Runde jeweils 2 feste Maschen in jede Masche. Beende die Runde mit 1 Kettmasche in die Anfangsmasche. So sollte es nun aussehen.

6 Häkle in der 2. Runde in die 1. Masche 1 feste Masche und in die 2. Masche 2 feste Maschen; so häkelst du die Runde bis ans Ende. Häkle zum Schluss 1 Kettmasche in die Anfangsmasche.

Tipp

Hänge am Rundenanfang einen Maschenmarkierer oder einen Faden in deine Häkelarbeit, damit du erkennst, wann die Runde zu Ende ist.

7 Häkle 3 Luftmaschen.

8 Überspringe in der 3. Runde 1 Masche und stich bei der nächsten Masche ins hintere Maschenglied ein. Häkle 1 feste Masche. Wiederhole Schritt 7 und 8 bis zum Ende der Runde.

9 So entstehen die Wölbung und die Startrunde für das Lochmuster. Beende die Runde mit 1 Kettmasche.

10 Häkle in der 4. Runde 3 Luftmaschen. Stich in die gehäkelten Löcher der Vorrunde ein und häkle jeweils 1 feste Masche hinein. Danach häkelst du immer 3 Luftmaschen.

11 Beende die Runde mit 1 Kettmasche.

7

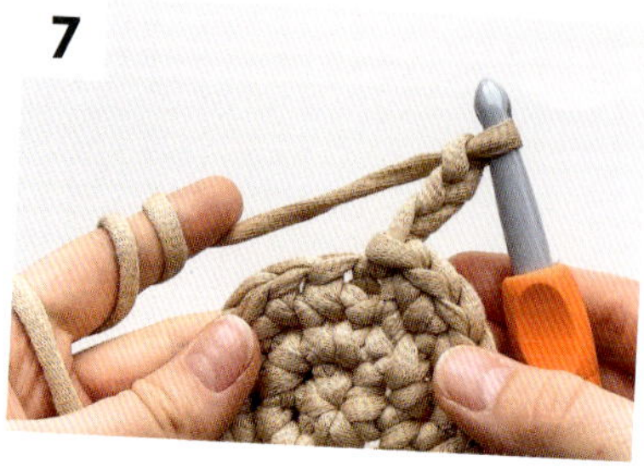

8

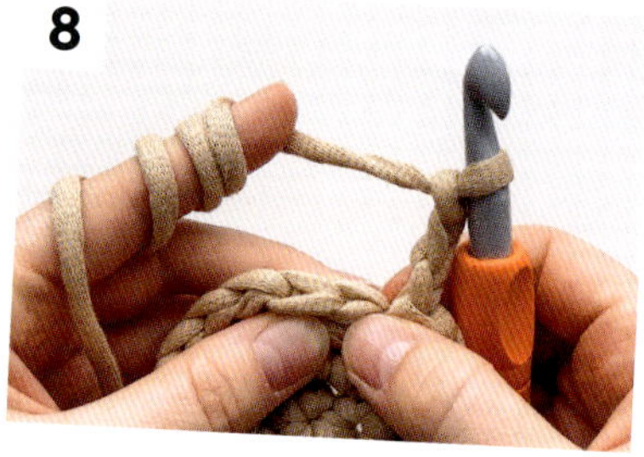

9

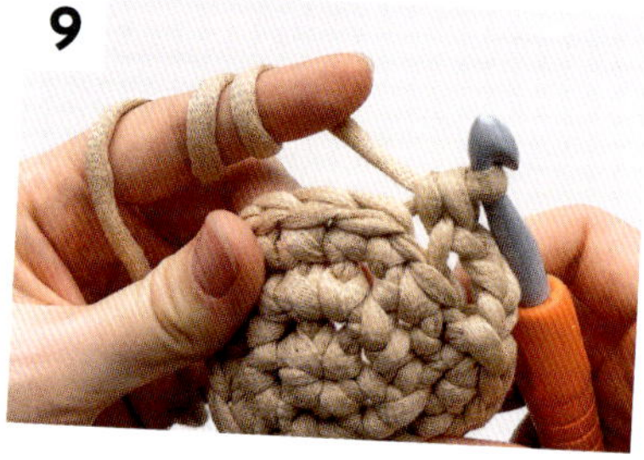

10

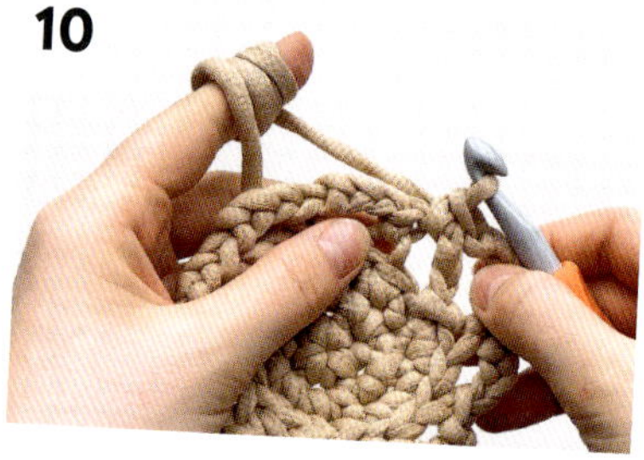

11

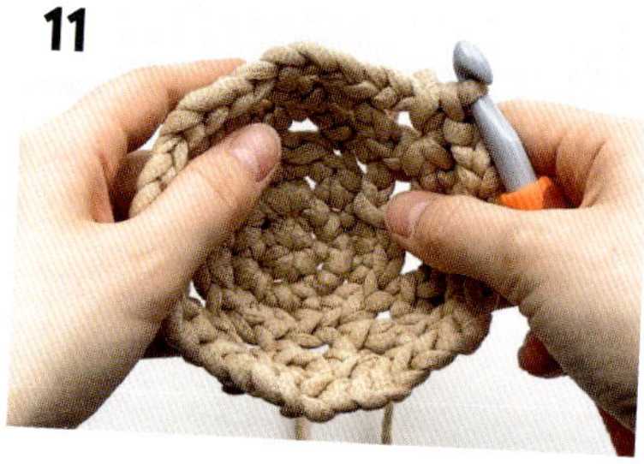

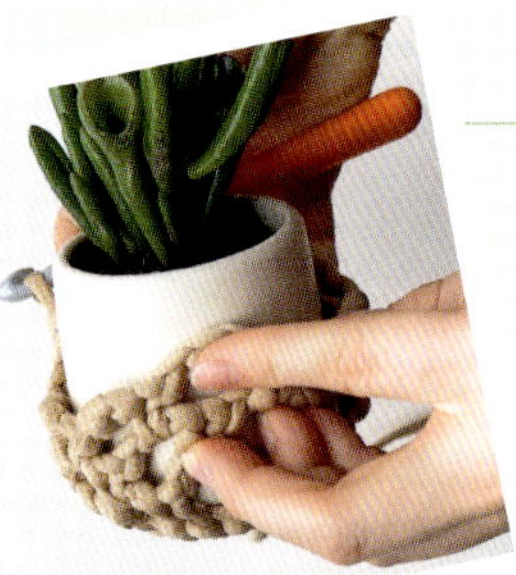

Tipp

Checke zwischendrin immer mal wieder die Größe der Blumentopfhülle. Vielleicht passt der Topf schon rein? Wenn nicht, häkelst du einfach weiter.

12

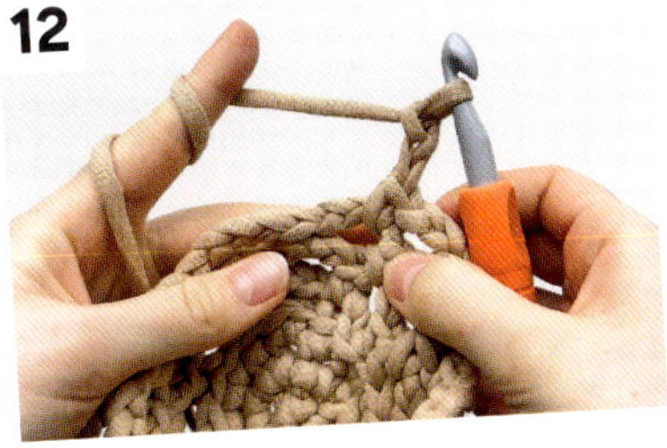

13

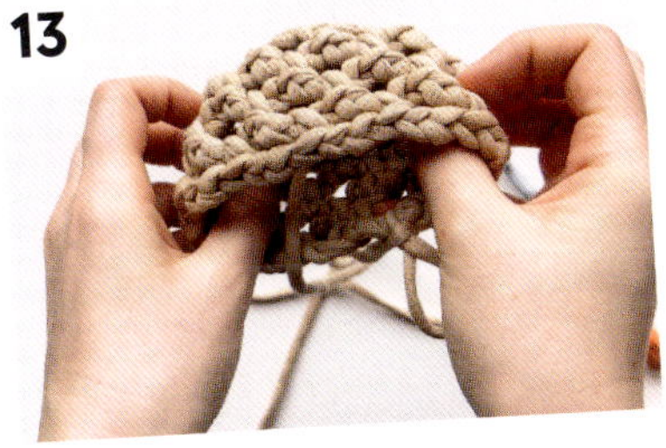

14

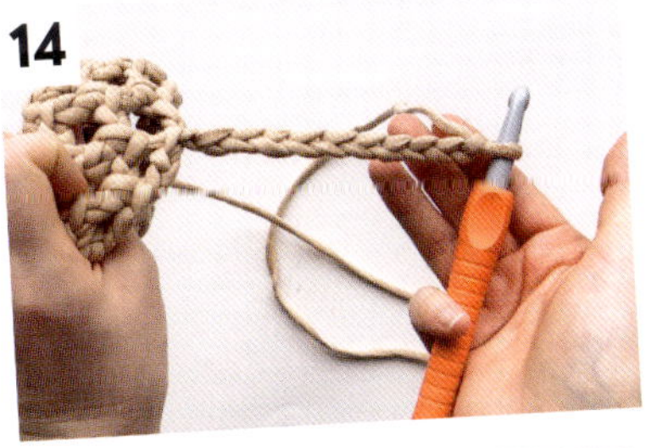

15

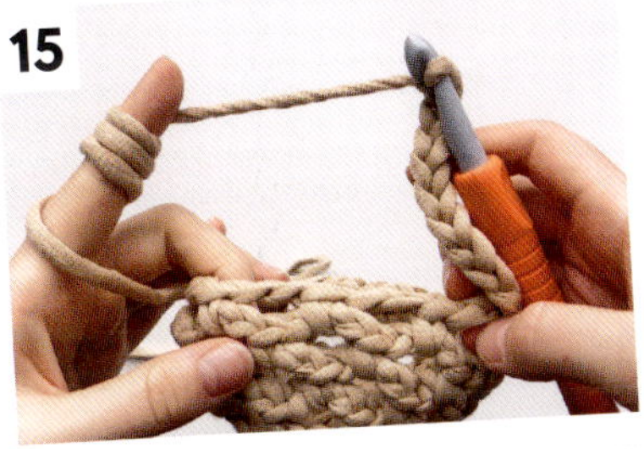

16

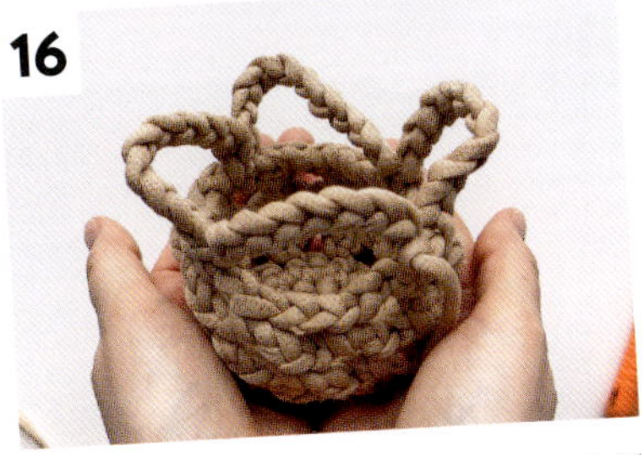

17

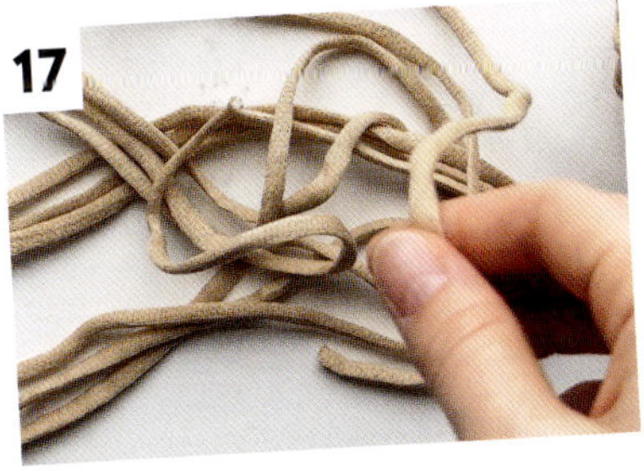

12 Häkle in der 5. Runde immer 2 Luftmaschen und dann 1 feste Masche in die gehäkelten Löcher der Vorrunde.

13 So sollte die Hülle jetzt aussehen.

14 Jetzt häkelst du 10 Luftmaschen.

15 Stich in das 3. gehäkelte Loch ein und häkle 1 feste Masche. Häkle 10 Luftmaschen, lass wieder 2 Löcher aus, stich in das nächste 3. Loch ein und häkle 1 feste Masche. Wiederhole das bis zum Ende der Runde. Beende die Runde mit 1 Kettmasche. Schneide den Faden ab, zieh ihn durch und vernähe ihn.

16 So sollte es jetzt aussehen.

17 Schneide 4 gleich lange Fäden und lege sie doppelt. Überlege vorher, wie lang die Fäden sein sollen.

18

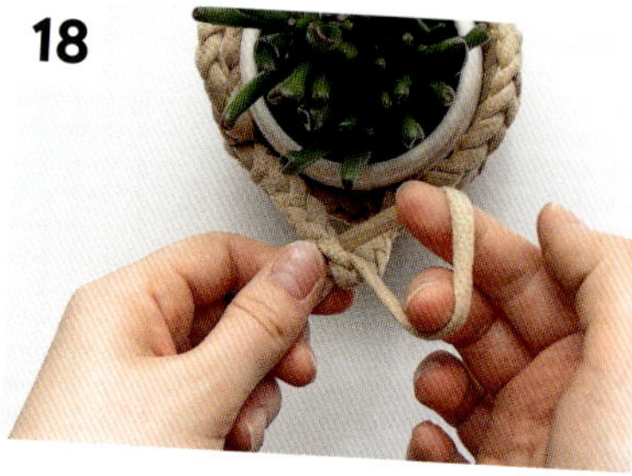

19

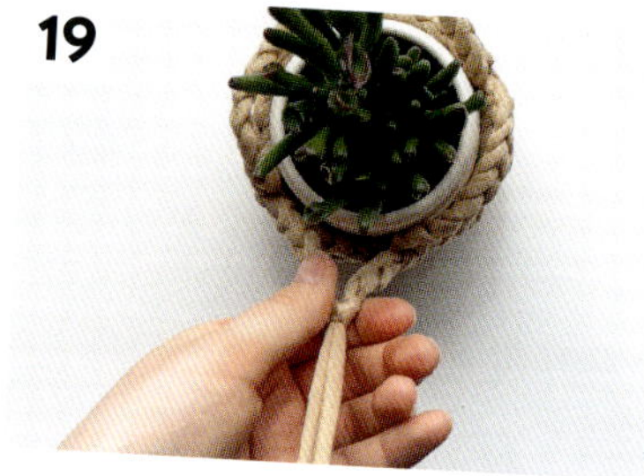

18 Zieh die Schlaufen nun durch die Löcher der letzten Runde ...

19 ... fädle die Fadenenden durch die Schlaufe und zieh sie fest.

20 So sollte es jetzt aussehen.

21 Knote jeweils einen Einzelfaden mit einem Einzelfaden der Nachbarschlaufe zusammen.

22 Zum Schluss knotest du alle Fäden oben zusammen.

20

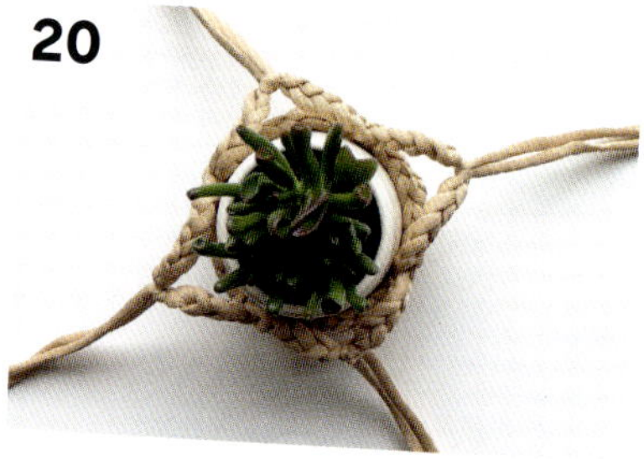

21

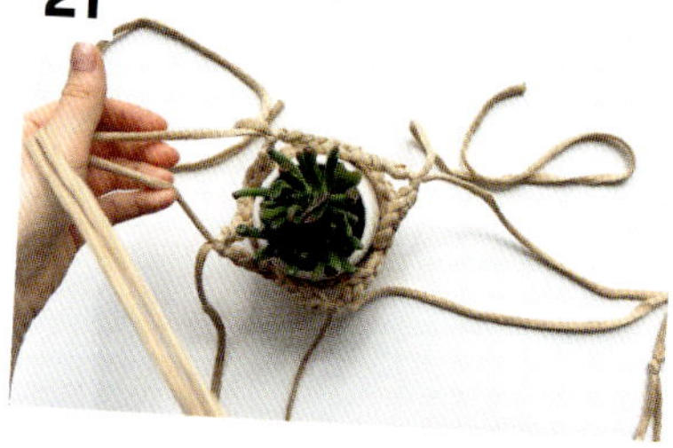

22

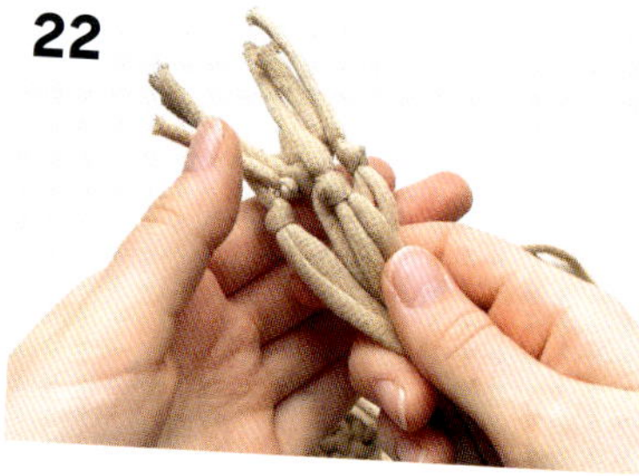

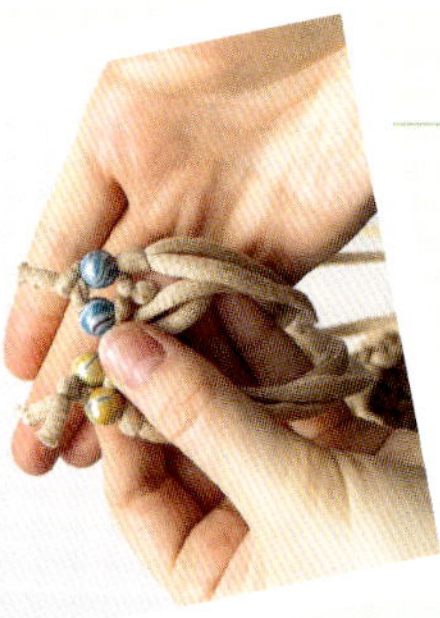

Tipp

Du kannst vor dem Zusammenknoten Perlen auf die Fäden ziehen.

#THERESAS TIPPS

Grüne Mitbewohner

Da ich oft verreise, sind Kakteen als Zimmerpflanzen bei mir zu Hause die beste Wahl:
Sie verzeihen es mir, wenn ich sie nicht regelmäßig gieße. Zu viel Wasser mögen die stacheligen Freunde nämlich überhaupt nicht.
Mein Tipp bei Pflanzen: auf jeden Fall umtopfen. Hol deine Pflanzen raus aus den engen Plastiktöpfen & lass den Wurzeln etwas mehr Platz, um sich zu entfalten. Du wirst erstaunt sein, wie sich deine Pflanzen entwickelt.

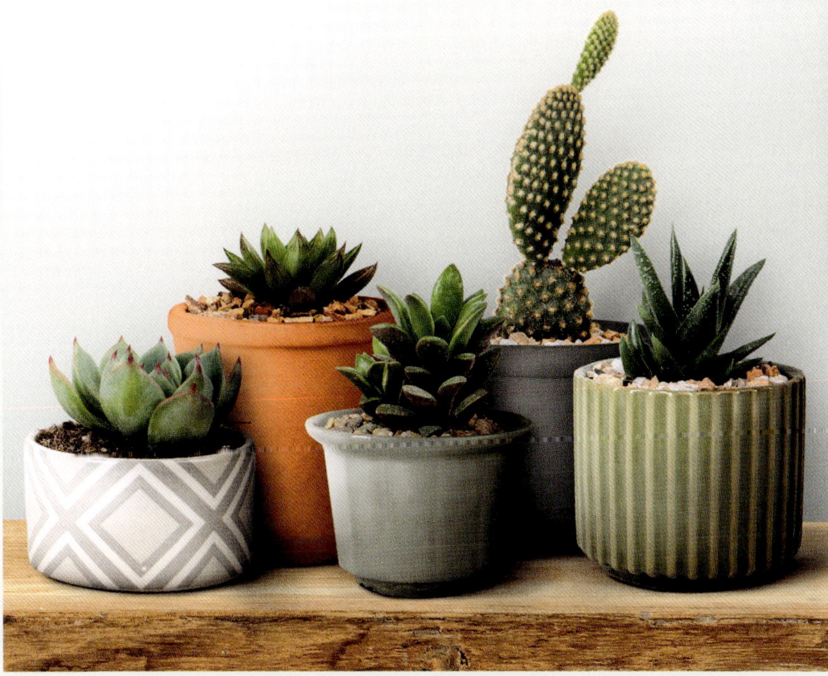

Sweet SCRUNCHIE

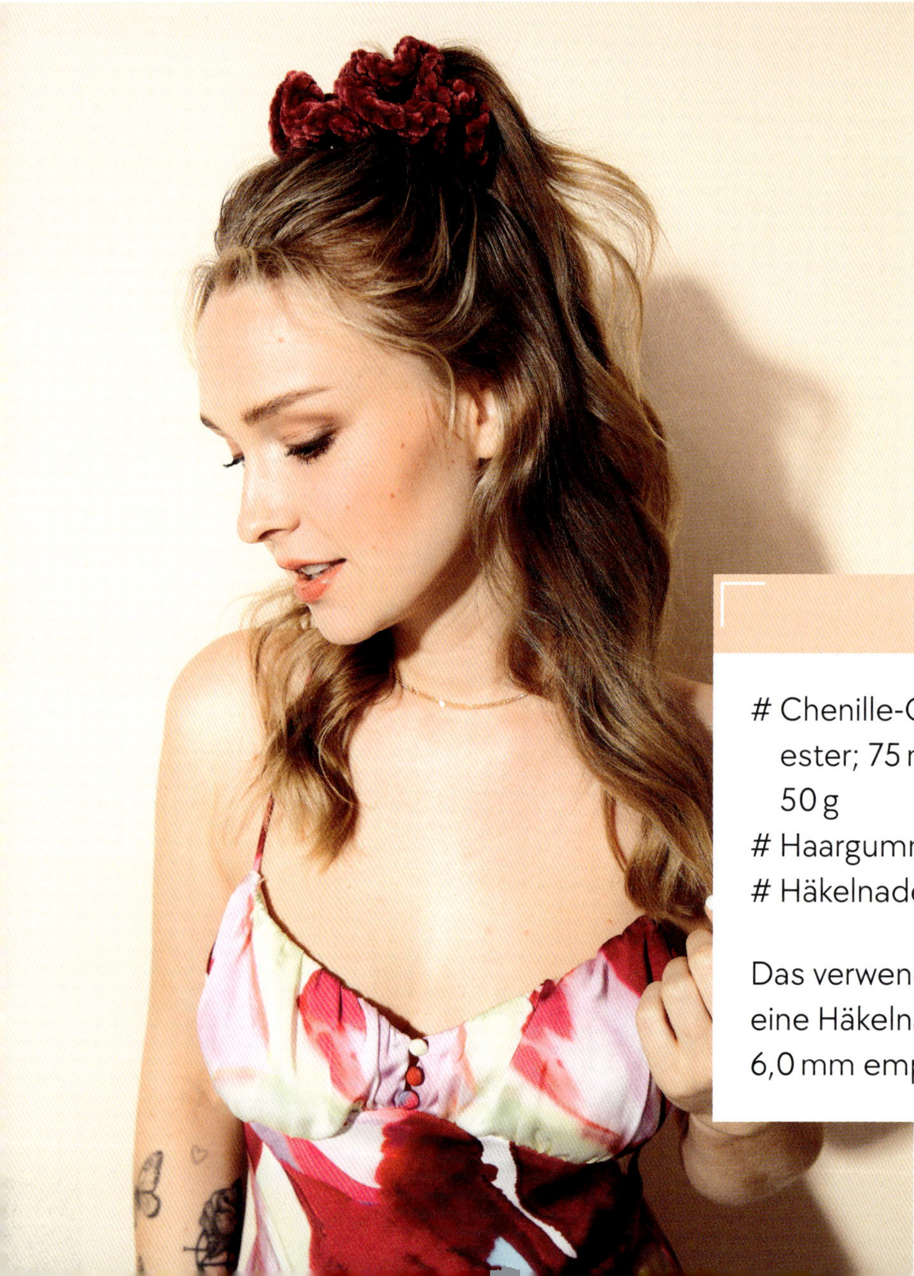

Material

- # Chenille-Garn (100 % Polyester; 75 m/100 g) in Weinrot, 50 g
- # Haargummi
- # Häkelnadel 5,0 mm

Das verwendete Garn ist für eine Häkelnadel der Stärke 6,0 mm empfohlen.

1

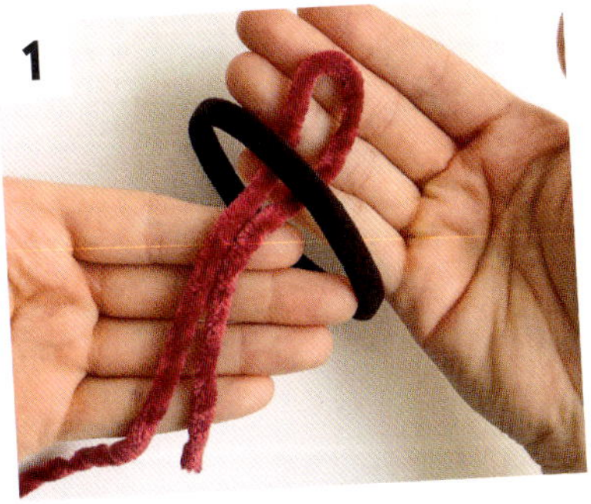

2

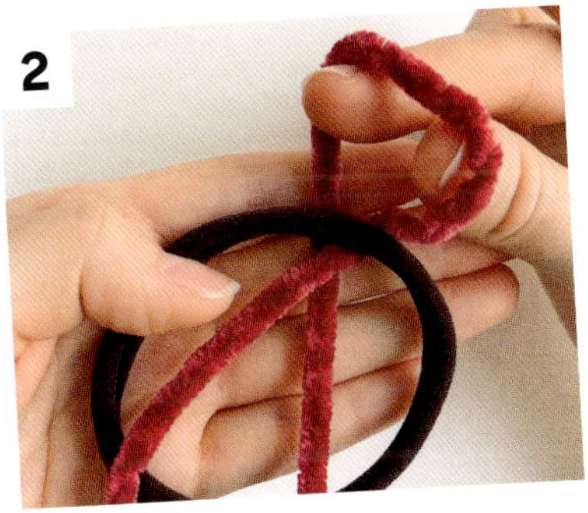

3

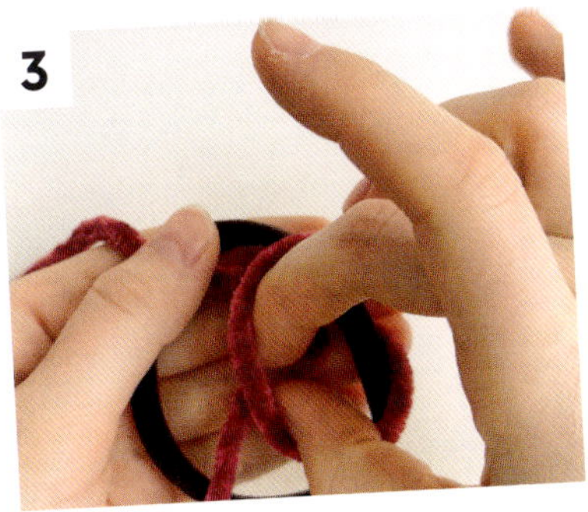

4

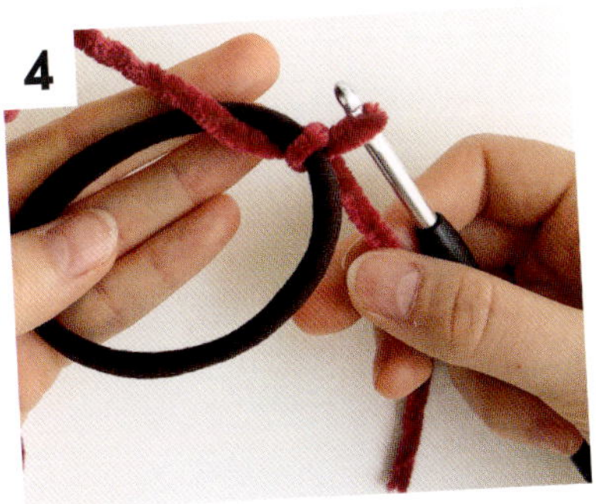

5

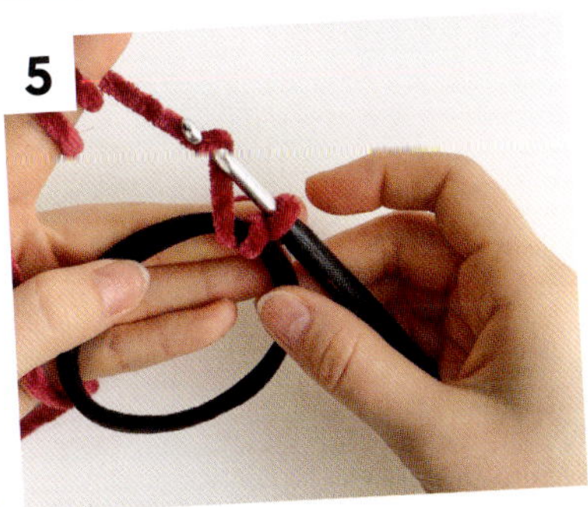

So geht's:

1 Lege den Faden zur Schlaufe und führe ihn durch den Haargummi.

2 Verdrehe die Schlaufe einmal in sich.

3 Führe zwei Finger in die Schlaufe und ziehe das Fadenende halb durch die Öffnung.

4 Zieh die Schlaufe gut fest. Jetzt kanns losgehen!

5 Stich mit der Häkelnadel in die Schlaufe, nimm den Faden auf die Nadel und ziehe ihn durch die Schlaufe.

6 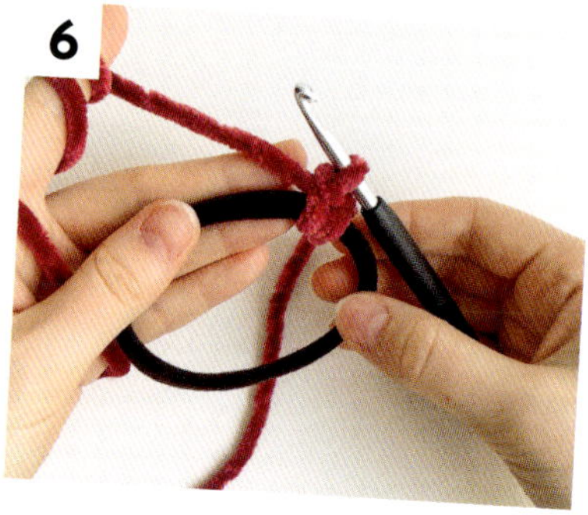

7 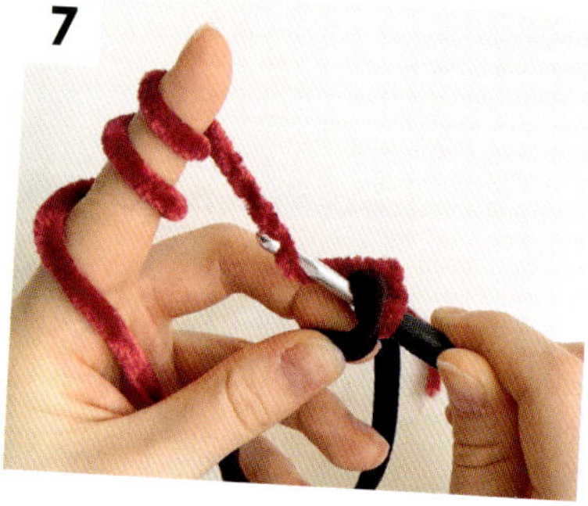

8 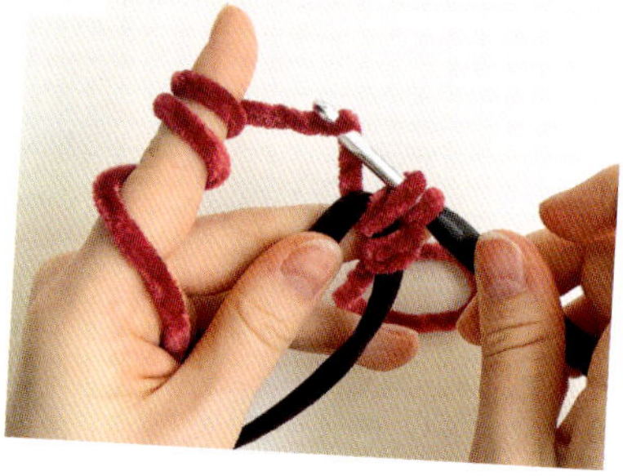

9 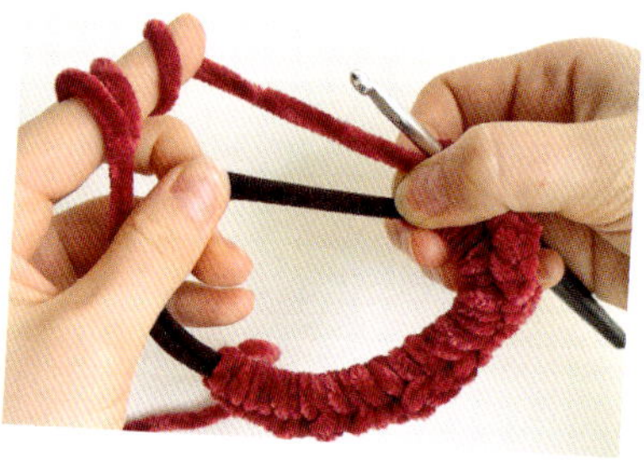

10 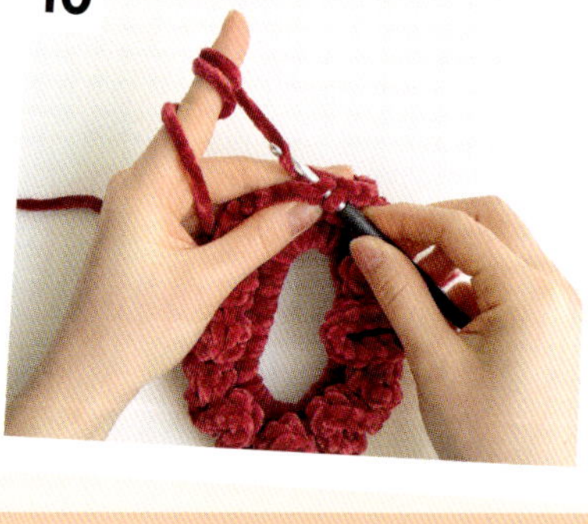

6 So sollte es jetzt aussehen.

7 Führe die Nadel von vorn nach hinten durch den Haargummi, nimm den Faden auf und zieh ihn durch den Haargummi zurück.

8 Jetzt hast du 2 Schlingen auf der Nadel. Nimm den Faden wieder auf und zieh ihn durch beide Schlingen.

9 Wiederhole Schritt 5–8, bis du den Haargummi umhäkelt hast. Schiebe die neuen Maschen immer zu den bereits gehäkelten Maschen, damit die Maschen möglichst dicht sitzen.

10 Wenn der Haargummi komplett umhäkelt ist, häkelst du 1 Kettmasche in die Anfangsmasche.

11

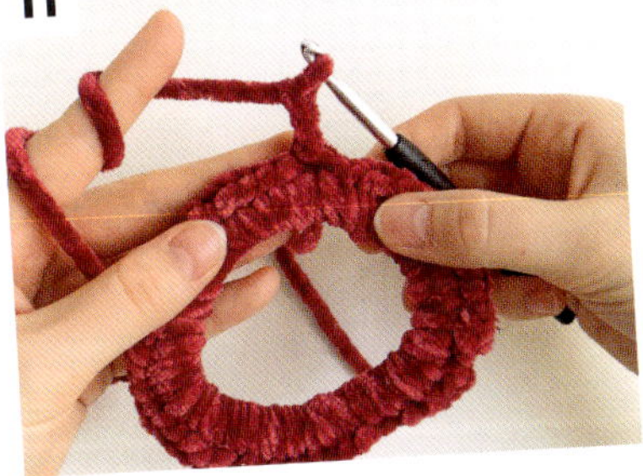

12

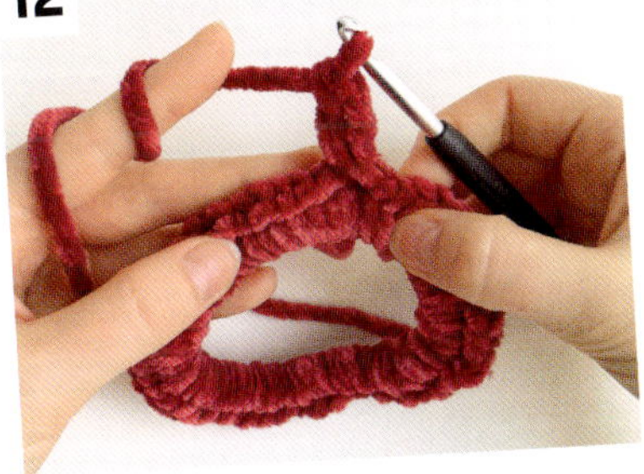

13

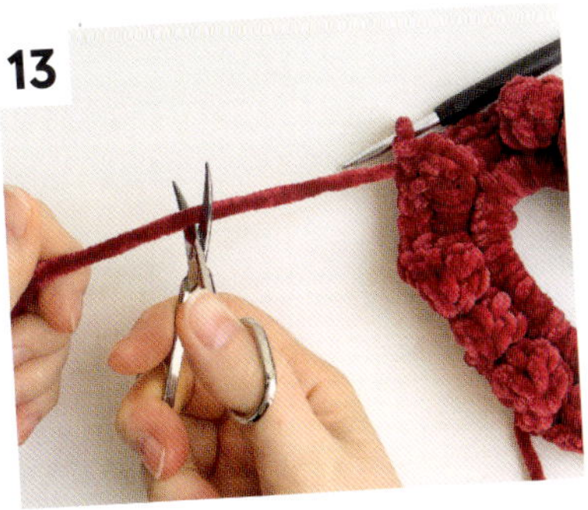

14

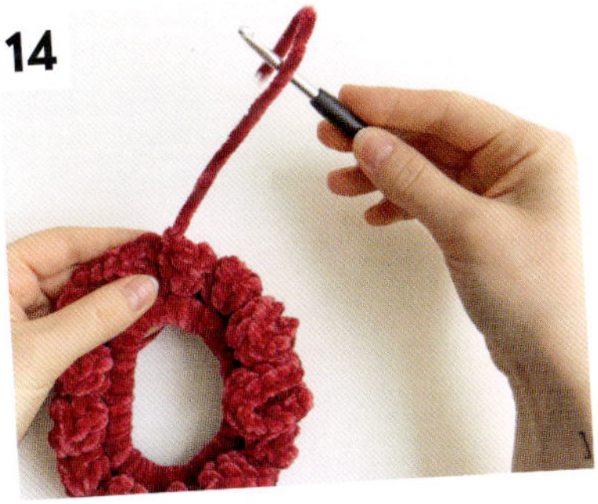

15

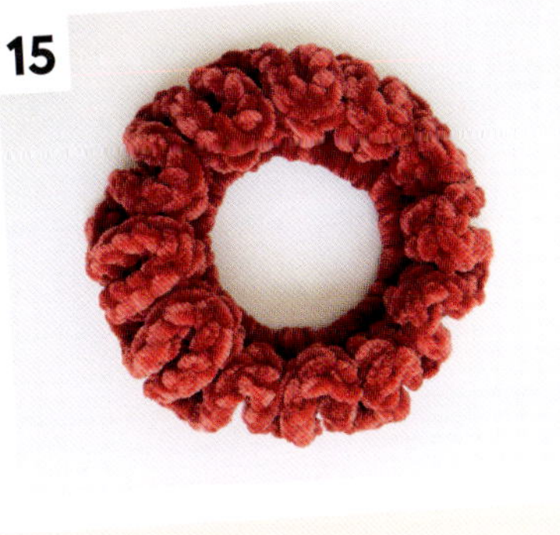

11 Nun kommt die 2. Runde. Häkle 2 Luftmaschen.

12 Häkle 2 Stäbchen in jede Masche. Du hast am Ende der Runde doppelt so viele Maschen. So entsteht die Raffung.

13 Häkle am Ende der Runde 1 Kettmasche in die Anfangsmasche. Schneide den Arbeitsfaden ab ...

14 ... zieh ihn durch, vernähe ihn uuuuund ...

15 ... fertig ist dein Scrunchie.

#THERESAS STYLE

Schicker Bun

Fasse die Haare mit einem normalen Haargummi zu einem tiefen Pferdeschwanz zusammen. Den Pferdeschwanz in sich verdrehen und zu einem Bun aufrollen. Befestige den Bun mit dem Scrunchie. Sichere die Frisur mit Bobbypins, damit sich keine Strähnen lösen. Mit Haarspray fixieren.

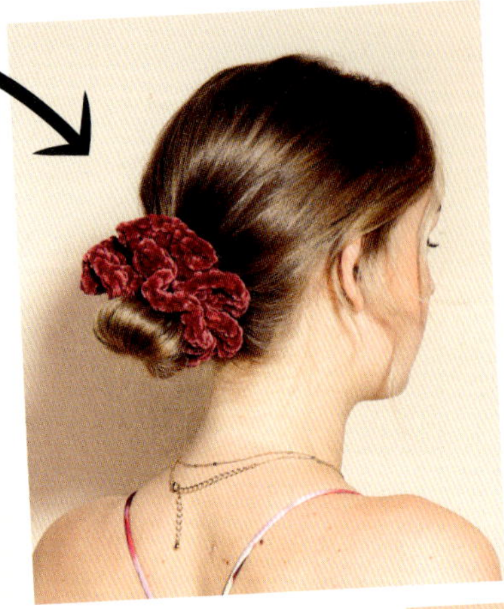

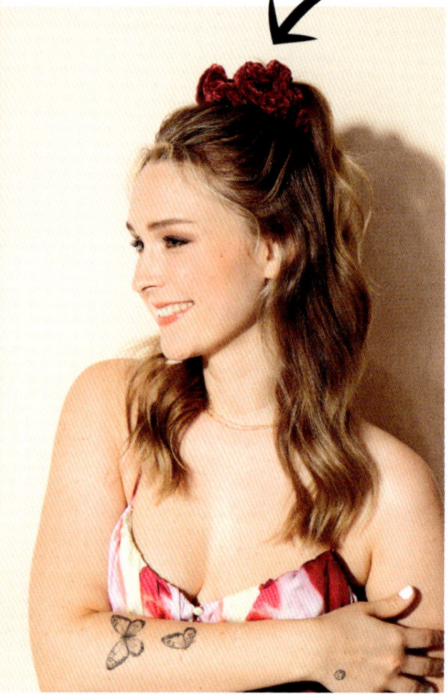

Half-up-Hair

Nimm die obere Hälfte des Haupthaars zusammen und befestige den Zopf weit oben am Hinterkopf mit deinem Scrunchie. Wenn du möchtest, kannst du noch ein paar einzelne Strähnen herauszupfen oder Locken in die offene Haarpartie zaubern. Mit Haarspray fixieren.

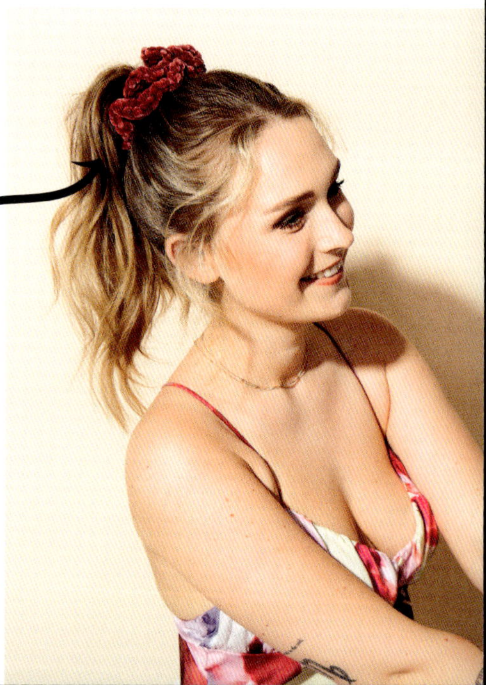

Lockerer Pferdeschwanz

Fasse alle Haare mit dem Scrunchie zu einem hohen Pferdeschwanz zusammen. Zupfe links und rechts vorn jeweils eine Strähne heraus. Mit Haarspray fixieren.

Wattepad-SÄCKCHEN

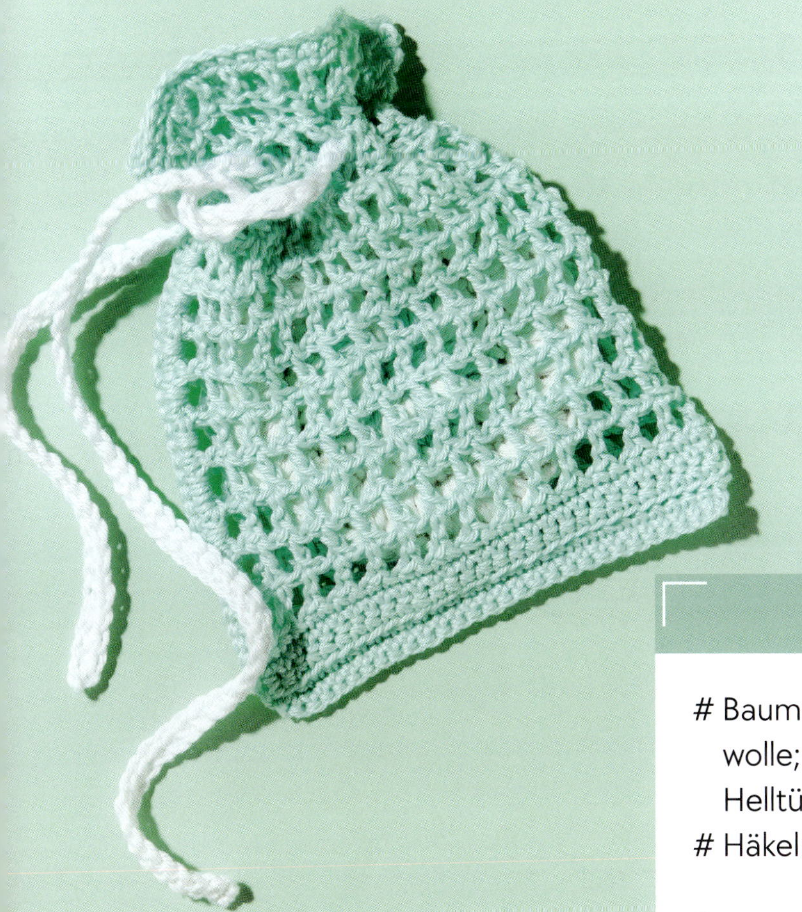

Material

Baumwollgarn (100 % Baumwolle; Lauflänge 125 m/50 g) in Helltürkis, 50 g, und Weiß, Rest
Häkelnadel 3,0 mm

Das verwendete Garn ist für eine Häkelnadel der Stärke 2,5–3,5 mm empfohlen.

So geht's:

1 Häkle in Helltürkis 55 Luftmaschen und eine Wendluftmasche, insgesamt also 56 Luftmaschen.

2 Wende die Arbeit und häkle feste Maschen in die Luftmaschen.

3 Am Ende der Reihe häkelst du 4 Luftmaschen.

4 Wende die Arbeit. Lass 1 Masche aus und häkle in die 2. Masche 1 Stäbchen.

5 Häkle nun 1 Luftmasche, lass wieder 1 Masche aus und häkle in die darauffolgende Masche 1 Stäbchen.

1

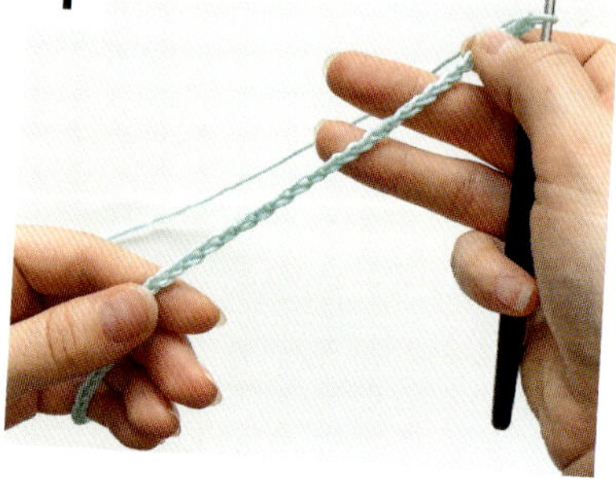

2

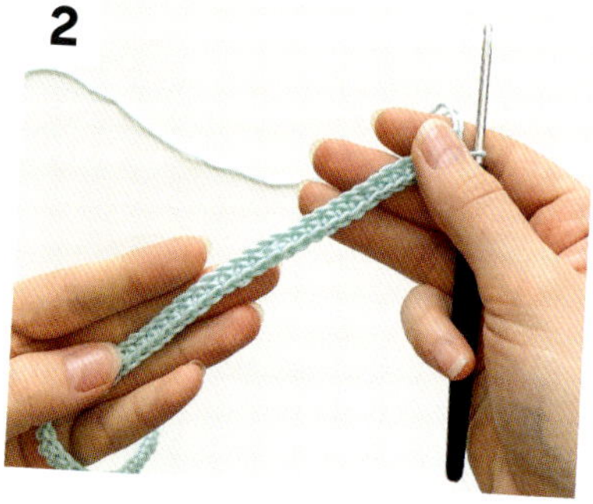

3

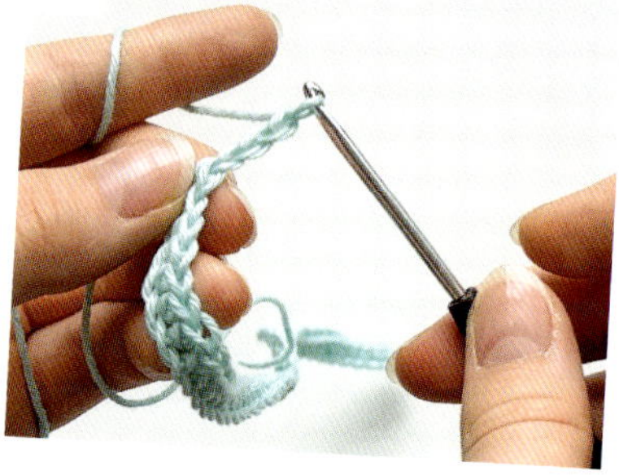

4

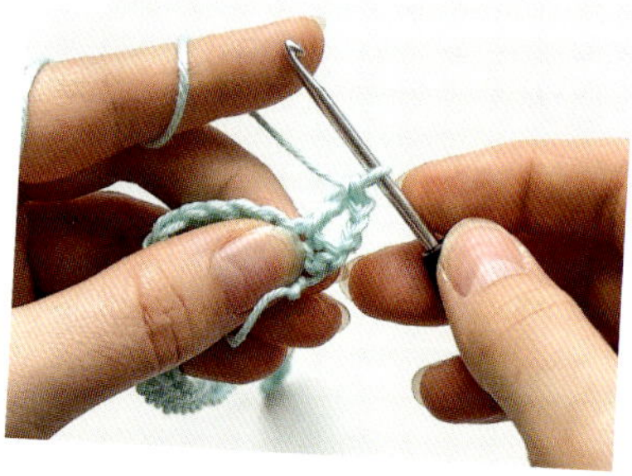

5

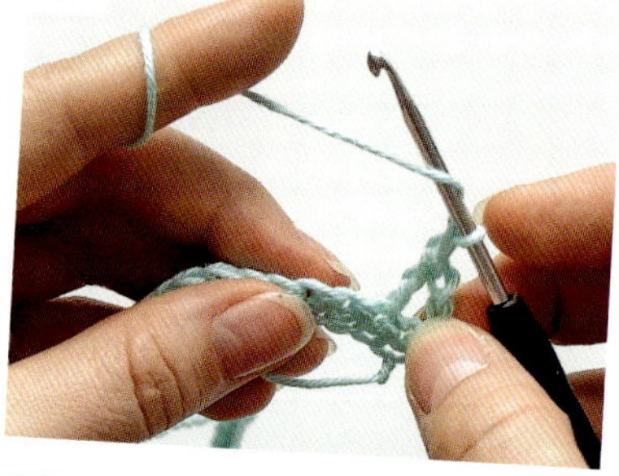

6

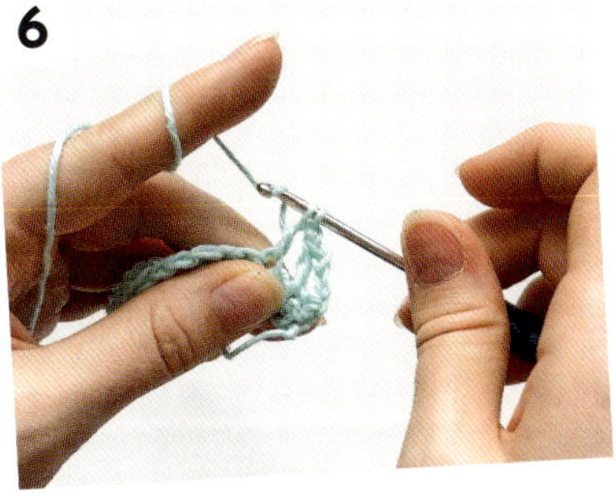

7

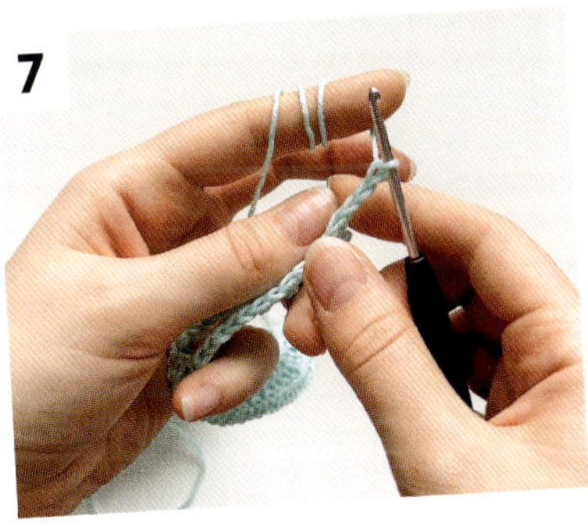

8

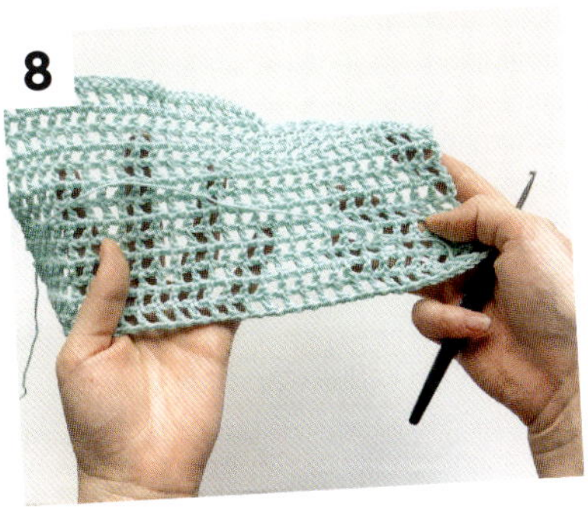

9

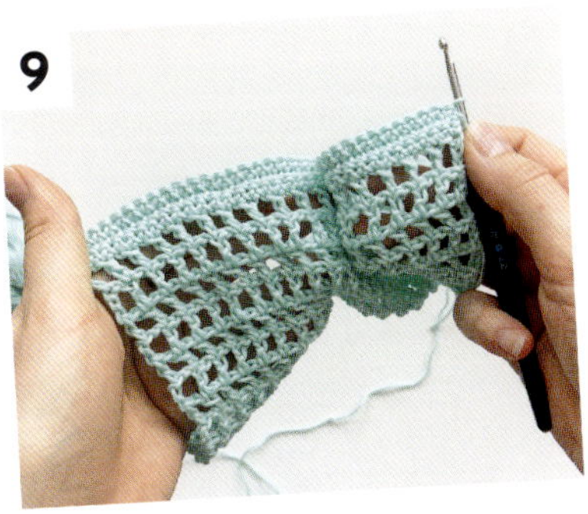

10

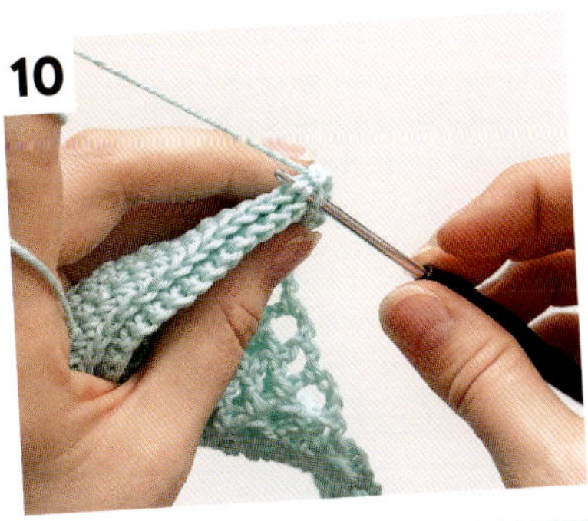

6 Häkle wie in Schritt 5 beschrieben bis zum Ende der Reihe.

7 Am Ende der Reihe häkelst du 4 Luftmaschen, wendest die Arbeit und häkelst wie in Schritt 5 beschrieben die Reihe zurück.

8 Häkle insgesamt 13 Reihen in diesem Muster. So sollte es dann aussehen.

9 Häkle 2 Reihen feste Maschen.

10 Falte das Häkelstück so, dass die beiden letzten Reihen mit den festen Maschen aufeinanderliegen. Häkle die Kanten mit festen Maschen zusammen. Ich habe dabei immer nur in die zwei inneren Maschenglieder eingestochen.

Wattepads auf Reisen

Das Wattepad-Säckchen nehme ich immer mit auf Reisen. Meine Wattepads zum Abschminken sind darin superhygienisch verpackt & fliegen nicht mehr lose im Koffer rum.

11 Wende die Arbeit und häkle die Reihe mit festen Maschen zurück.

12 Lege die Seitenkanten aufeinander und häkle sie ebenfalls mit festen Maschen zusammen. Ich häkle in jedes Loch 2 feste Maschen und in die Masche dazwischen 1 feste Masche. Zieh den Faden durch und schneide ihn ab.

13 So sollte das Säckchen jetzt aussehen. Vernähe alle Fäden.

14 Häkle in Weiß 120 Luftmaschen. Anschließend häkelst du feste Maschen in die Luftmaschenkette. Zieh den Faden durch, schneide ihn ab und vernähe alle Fäden.

15 Fädle das Band in der oberen Hälfte durch die Löcher im Säckchen. Um es zu verschließen, kannst du eine Schleife binden.

11

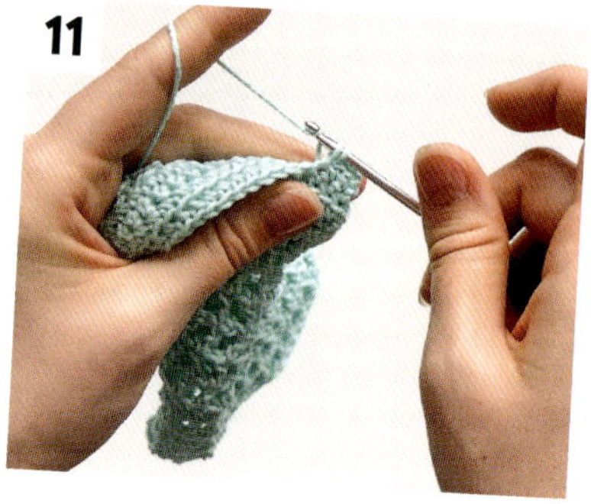

12

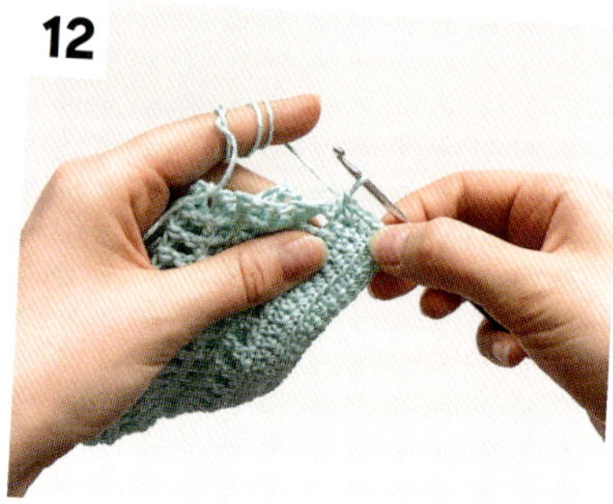

13

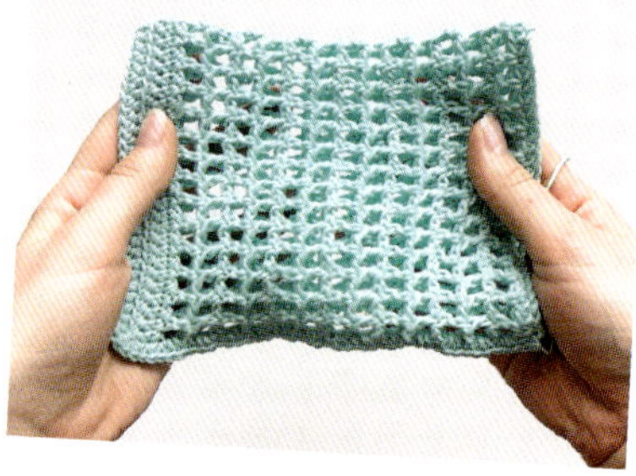

14

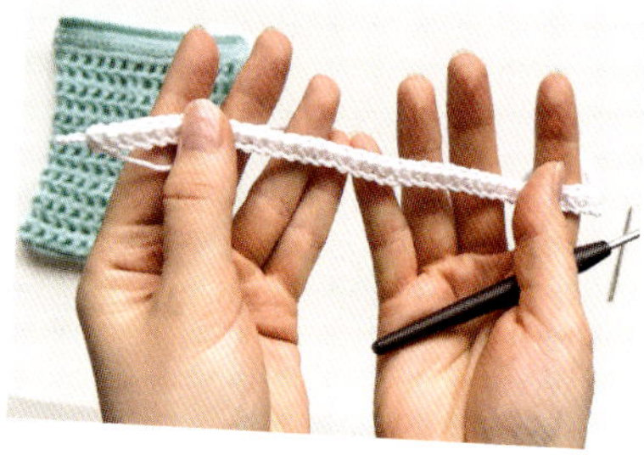

15

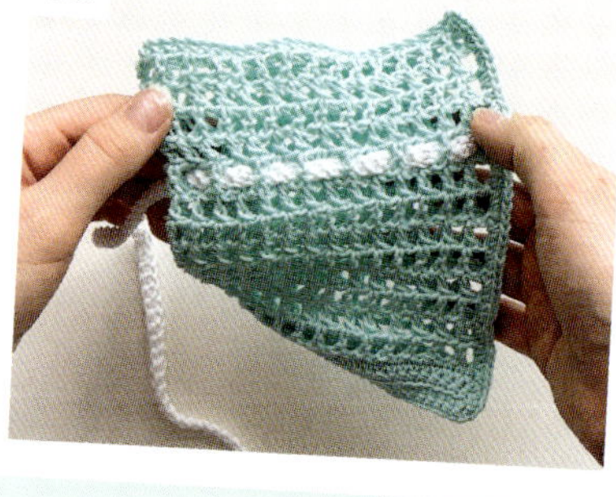

GESICHTSMASKE

Zutaten

2 EL Soja-Joghurt
2 EL Kokosöl
2 TL Kaffeesatz

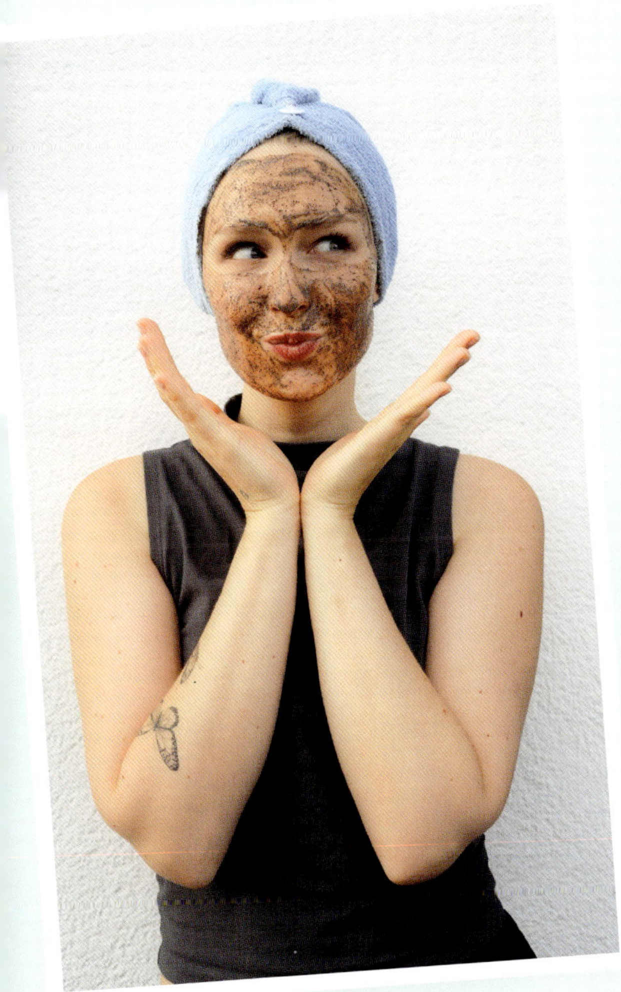

1 Verrühre Soja-Joghurt, Kokosöl und Kaffeesatz in einer Schüssel.

2 Trage die Maske auf dein Gesicht auf. Sie darf nicht in die Augen kommen. Solltest du eine Unverträglichkeit haben, teste die Maske zunächst an einer kleinen Stelle am Unterarm. Lass die Maske 10–15 Minuten einwirken.

3 Befeuchte deine Hände und massiere die Maske ein wenig ein, das hat einen super Peeling-Effekt. Wasch die restliche Maske ab.

Tipp

Die Maske hält sich in einem Behälter luftdicht verschlossen 3–5 Tage im Kühlschrank.

Make-up-TÄSCHCHEN

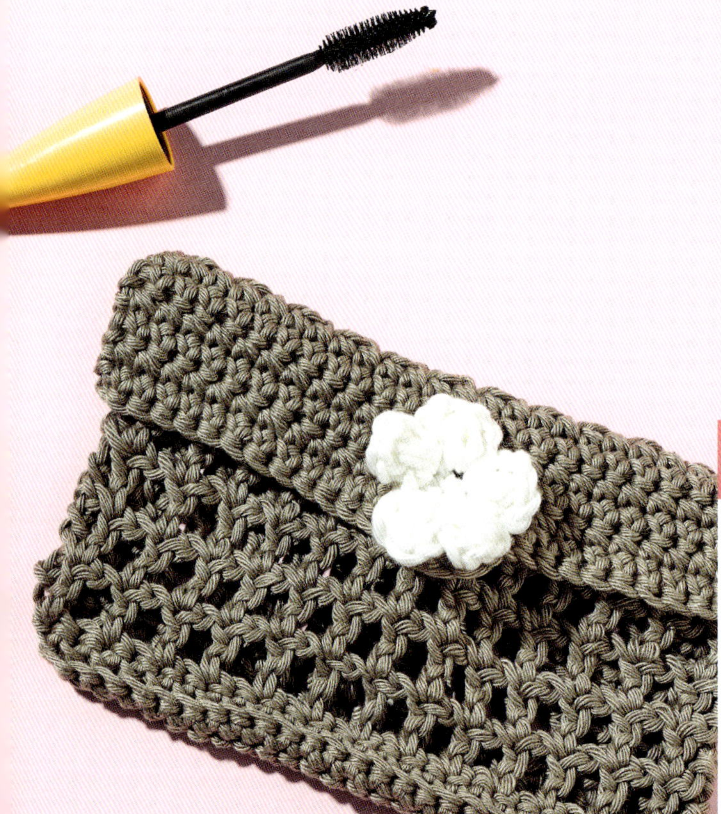

Material

- # Baumwollgarn (100 % Baumwolle; Lauflänge 63 m/50 g), in Graubraun, 50 g, und Naturweiß, Rest
- # Häkelnadel 4,5 mm

Das verwendete Garn ist für eine Häkelnadel der Stärke 4,0–5,0 mm empfohlen.

1

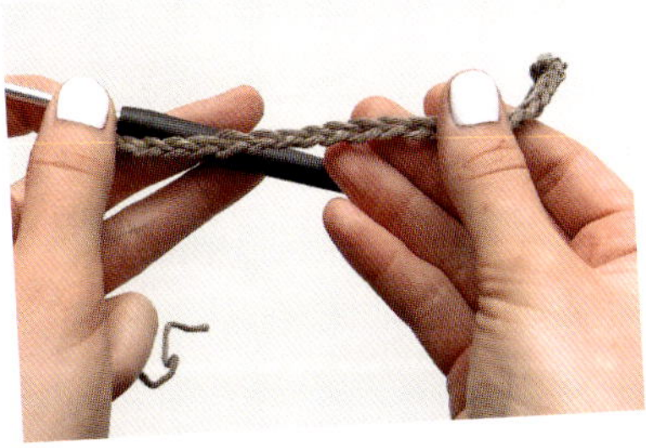

2

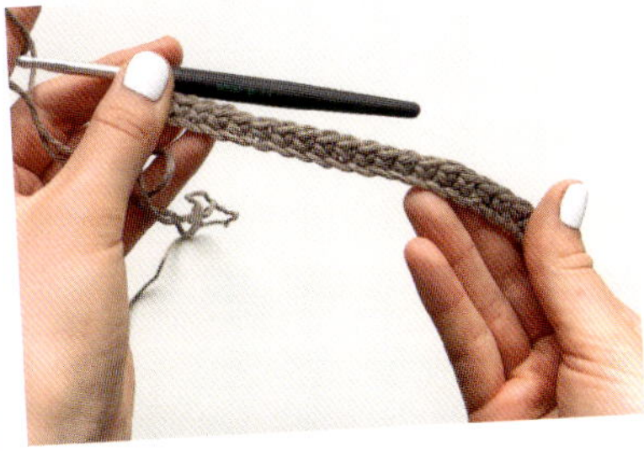

3

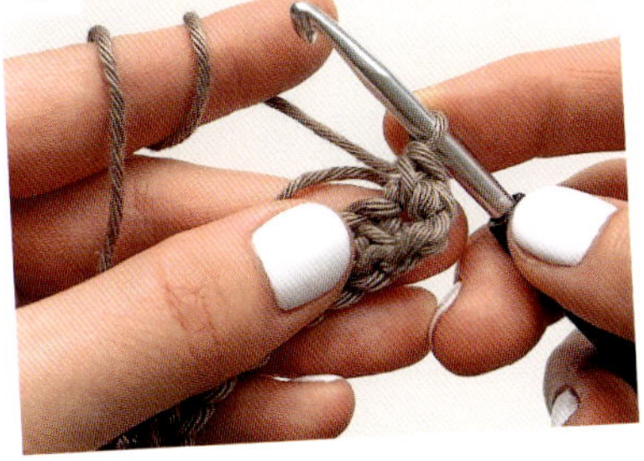

4

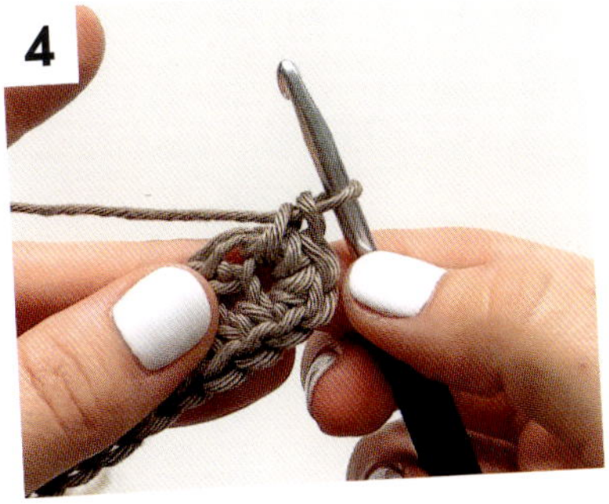

5

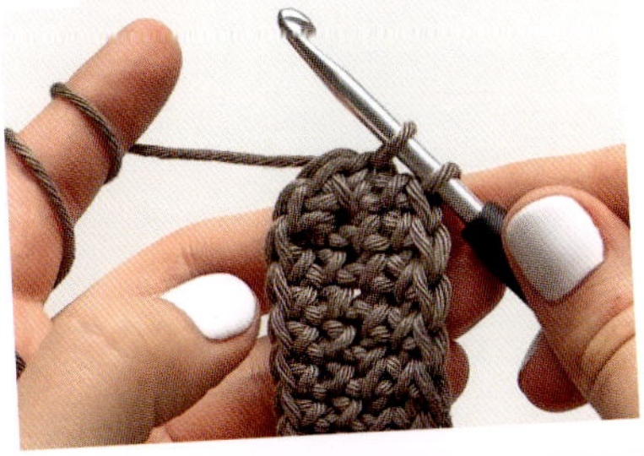

So geht's:

1 Häkle 25 Luftmaschen und 1 Wende-masche.

2 Wende die Arbeit und häkle 1 Reihe feste Maschen. Am Ende häkelst du 1 Luftmasche.

3 Die Arbeit nicht wenden, denn ab jetzt häkelst du in Runden um die Arbeite herum. Stich dazu am Ende ein und häkle 3 feste Maschen. Es entsteht eine Rundung.

4 Häkle an der Seite entlang feste Maschen bis zum anderen Ende. Dort häkelst du erneut 3 feste Maschen, um die Rundung zu arbeiten. Beende die Runde mit 1 Kettmasche.

5 Wiederhole Schritt 3 und 4. So sollte der Boden des Täschchens jetzt aus-sehen.

6

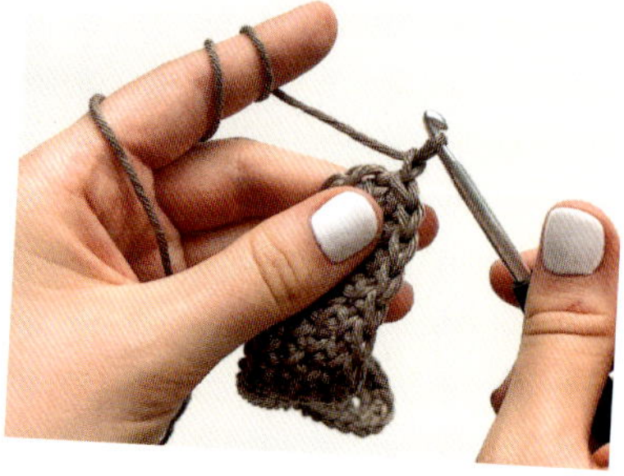

7

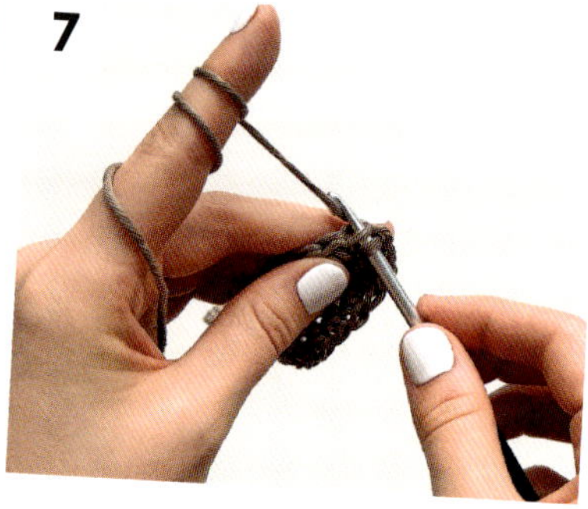

8

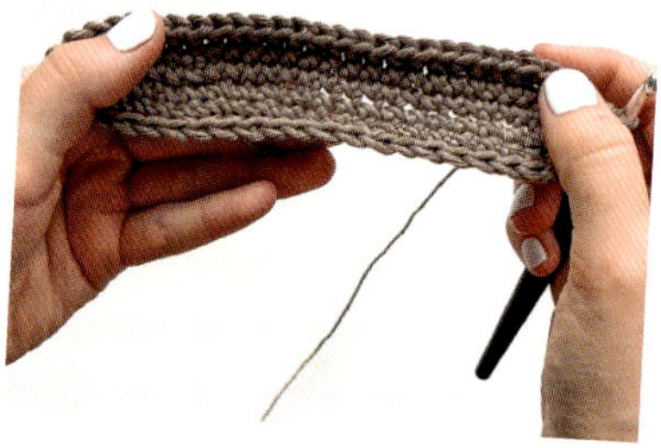

9

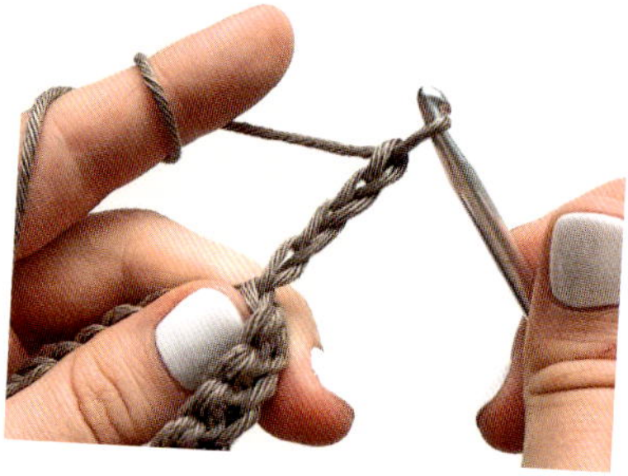

10

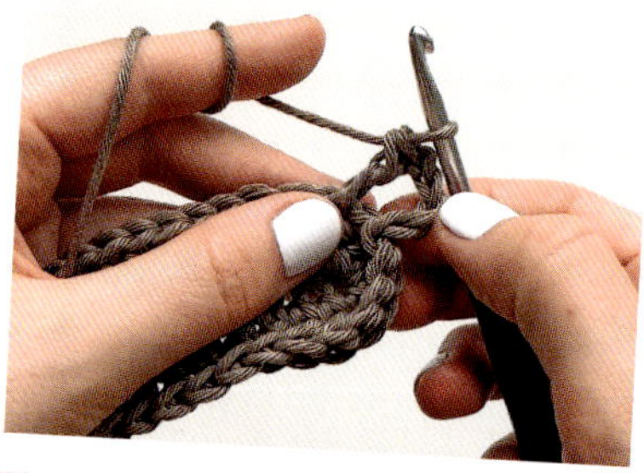

6 Häkle 1 Luftmasche.

7 Häkle 1 Runde feste Maschen, stich dabei aber immer nur in die inneren Maschenglieder ein. So erhält das Täschchen seine Form. Beende die Runde mit 1 Kettmasche.

8 So sollte es jetzt aussehen.

9 Jetzt kommt das Muster des Täschchens. Beginne mit 4 Luftmaschen.

10 Lass 1 Masche aus und häkle 1 Stäbchen in die darauffolgende Masche.

11

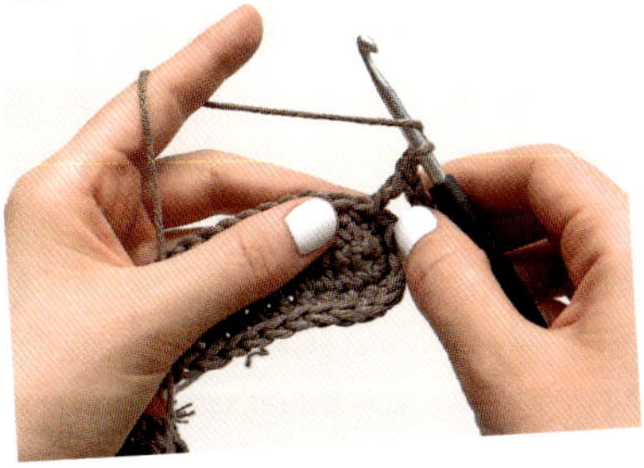

12

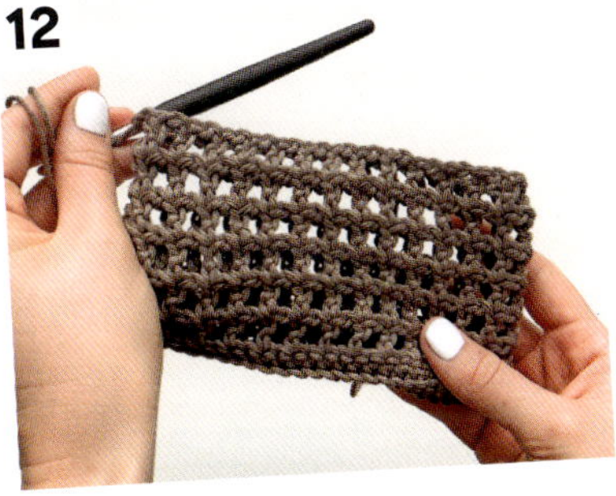

13

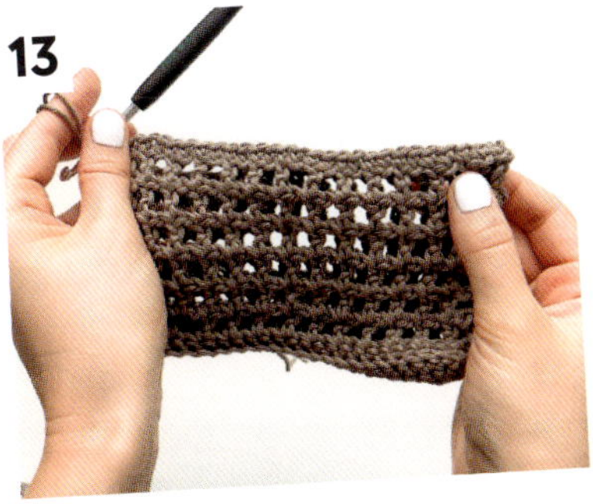

14

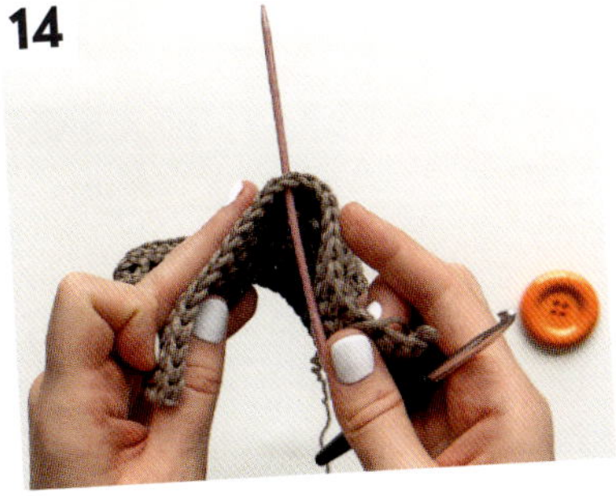

15

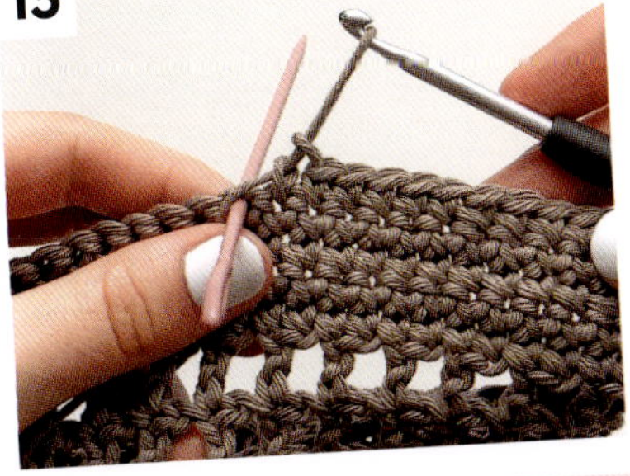

11 Die restliche Runde häkelst du jeweils 1 Luftmasche, lässt 1 Masche aus und häkelst jeweils 1 Stäbchen in die darauffolgende Masche.

12 Ich habe das Muster über 6 Runden gehäkelt. Du kannst natürlich noch einige Runden mehr häkeln, dann wird dein Täschchen tiefer.

13 Jetzt kommt die Taschenklappe dran. Sie wird in Reihen gehäkelt, nicht mehr in Runden. Häkle an der hinteren Kante des Täschchens 4 Reihen feste Maschen.

14 Markiere die Mitte der Reihe, damit du weißt, wo das Knopfloch später sitzt.

15 Häkle feste Maschen bis zur Markierung, ...

16 … dann häkelst du 6 Luftmaschen, lässt die markierte Masche aus, und häkelst die Luftmaschenkette mit 1 Kettmasche in die darauffolgende Masche. Es entsteht eine kleine Schlaufe.

17 Beende die Reihe mit festen Maschen. Am Ende der Reihe wendest du die Arbeit und häkelst feste Maschen zurück. Die Schlaufe wird dadurch etwas stabiler. Zieh den Faden durch und vernähe alle Fäden.

18 Markiere die Stelle, wo der Verschluss angenäht werden soll, mit einer Stecknadel.

19 Nähe den Verschluss an. Du kannst einen Knopf verwenden. Ich habe mich für eine gehäkelte Blume entschieden (siehe Seite 27–29). Nähe die Blume mit farblich passendem Wollfaden an. Achte darauf, dass du nur das Innere der Blume festnähst, sonst passt sie später nicht durch das Loch.

20 Fertig ist das Kosmetiktäschchen!

16

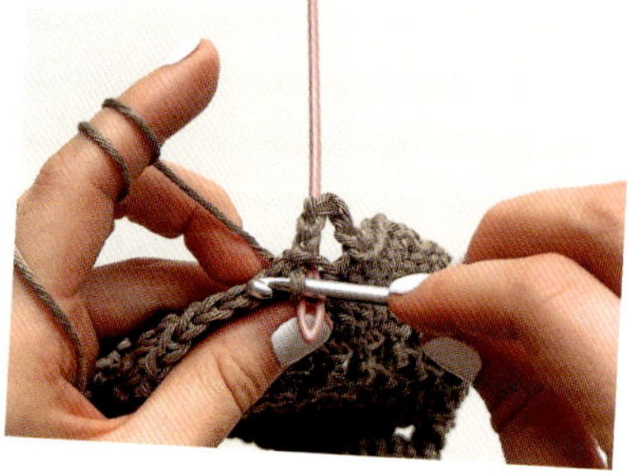

17

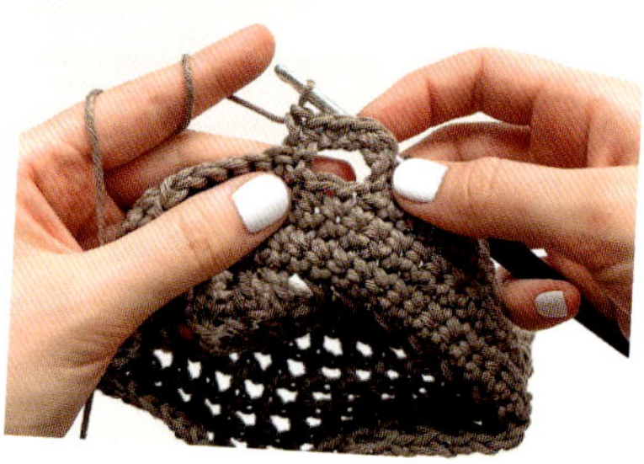

18

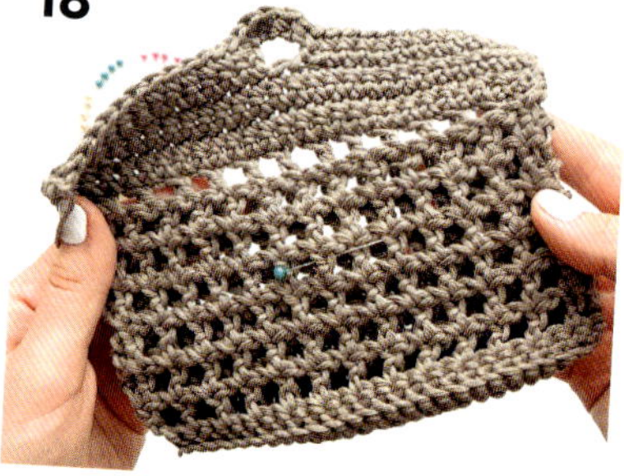

19

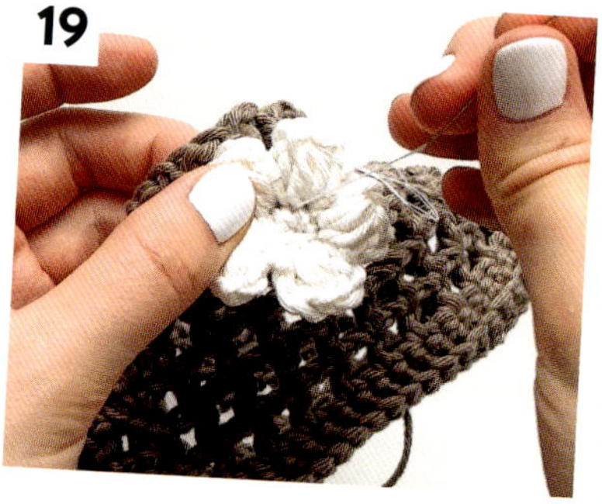

20

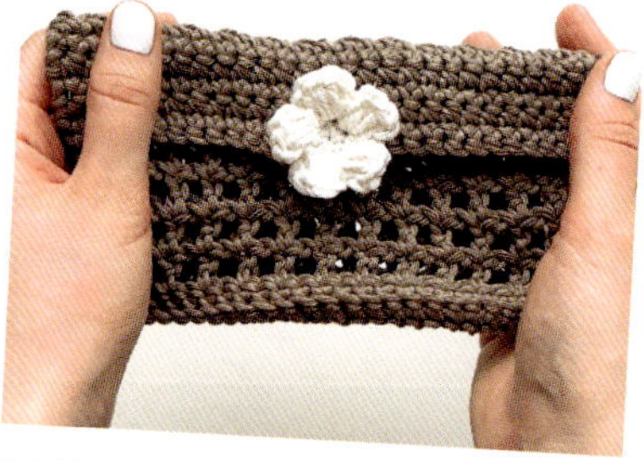

#THERESAS TIPPS

Meine Beauty- und Wohlfühl-Rituale

Schönheit ist nichts, was nur von außen kommt, sondern eben auch von innen. So wie ich mich in meinem Körper fühle, wirkt das auch nach außen. Deshalb achte ich darauf, mein Handy in der Früh nicht als Erstes anzumachen, sondern mir erstmal Zeit für mich zu nehmen. Ich versuche, so oft wie möglich mit Yoga oder Stretching in den Tag zu starten & erstmal ein großes Glas Wasser zu trinken. Ich lasse beim Schminken auch supergern entweder meine Lieblingsplaylist laufen oder höre „Healing Sounds, Cleansing Aura". Diese Töne wirken total entspannend & sind ein super Start in den Tag, bevor mich der Social-Media-Strom mitreißt.

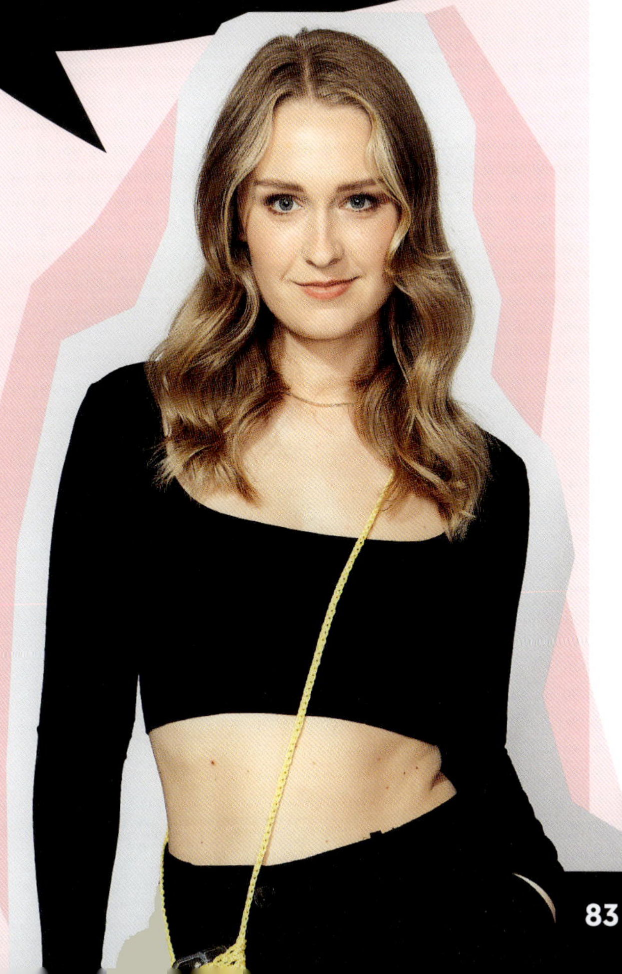

Beanie FÜR BESTIES

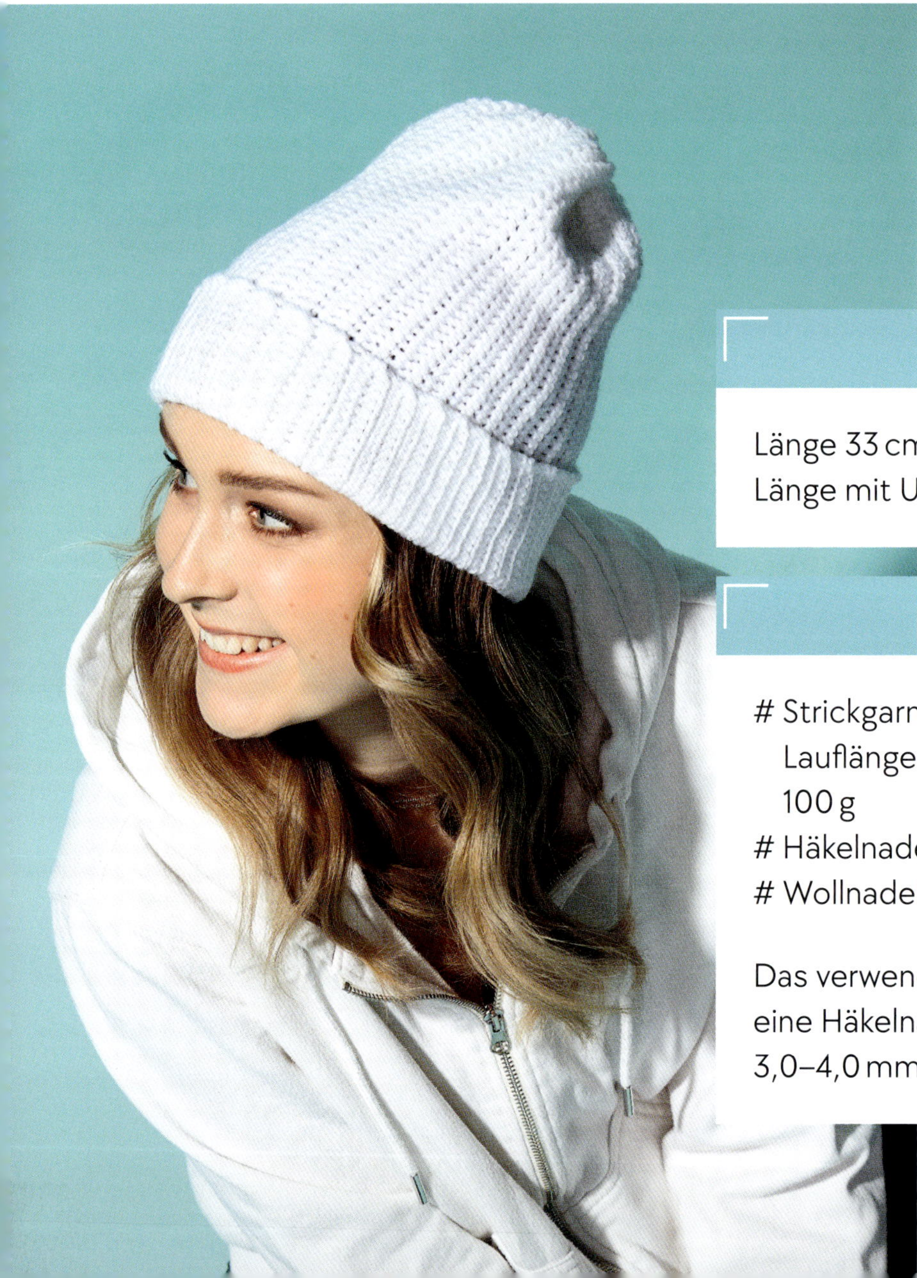

Größe

Länge 33 cm
Länge mit Umschlag 24 cm

Material

Strickgarn (100 % Polyacryl; Lauflänge 133 m/50 g) in Weiß, 100 g
Häkelnadel 4,0 mm
Wollnadel

Das verwendete Garn ist für eine Häkelnadel der Stärke 3,0–4,0 mm empfohlen.

So geht's:

1 Häkle 56 Luftmaschen und 1 Wendeluftmasche. Das ist die Mützenlänge.

2 In der 1. Reihe häkelst du in jede Luftmasche 1 feste Masche; beginne bei der 2. Luftmasche von der Nadel aus. Zum Schluss häkelst du 1 Wendeluftmasche und wendest die Arbeit.

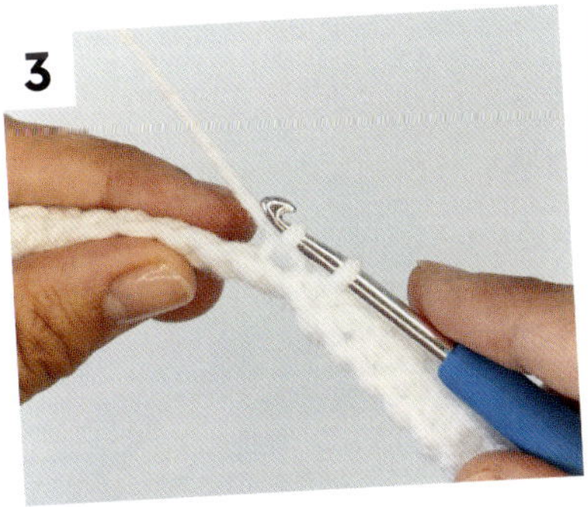

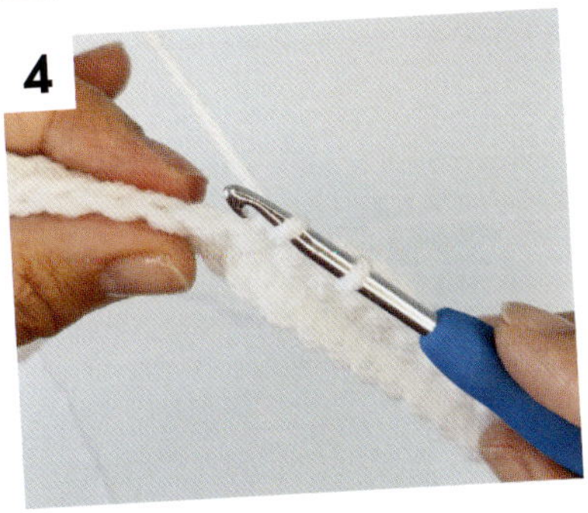

3 Häkle in der 2. Reihe in jede Masche 1 feste Masche, dabei stichst du immer nur in die hinteren Maschenglieder ein. Häkle am Ende der Reihe 1 Wendeluftmasche und wende die Arbeit.

4 Häkle in der 3. Reihe in jede Masche 1 feste Masche, dabei stichst du immer nur in die vorderen Maschenglieder ein. Häkle am Ende der Reihe 1 Wendeluftmasche und wende die Arbeit.

5 Wiederhole in der 4. und jeder weiteren Reihe die 2. und die 3. Reihe so oft, bis das Häkelstück um deinen Kopf passt. Es sollte allerdings etwas enger als dein Kopf sein, damit die Mütze einen guten Halt hat. Am Ende der letzten Reihe lässt du die Wendeluftmasche weg. Zieh den Faden durch und schneide ihn lang ab. Du brauchst ihn später zum Zusammennähen.

6 Lege die Kanten des Häkelstücks mit der „schönen" Seite aneinander. Achte dabei darauf, dass die Maschen genau nebeneinanderliegen. Fädle das lang abgeschnittene Fadenende auf die Wollnadel, stich durch jeweils ein Maschenglied von zwei gegenüberliegenden Maschen und hole den Faden von links nach rechts durch.

7 Bei den nächsten beiden Maschen holst du den Faden von rechts nach links durch. So nähst du hin und her bis zur Oberkante der Mütze.

8 Um die Mütze oben zu schließen, fädelst du den Faden zwischen jeder 2. Reihe hin und her.

9 Zum Schluss ziehst du vorsichtig am Faden, sodass sich die Öffnung schließt. Vernähe alle Fäden.

6

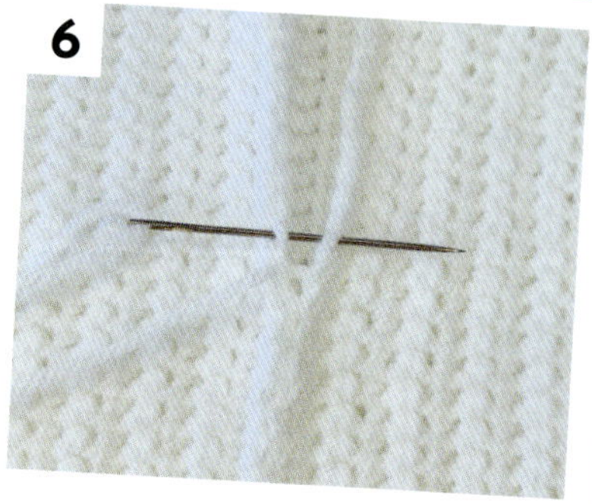

7

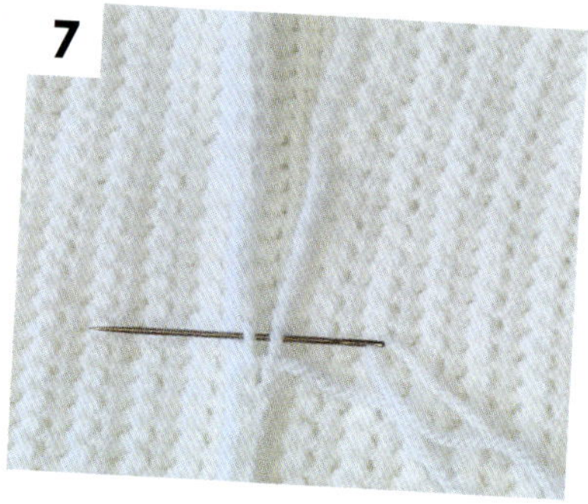

8

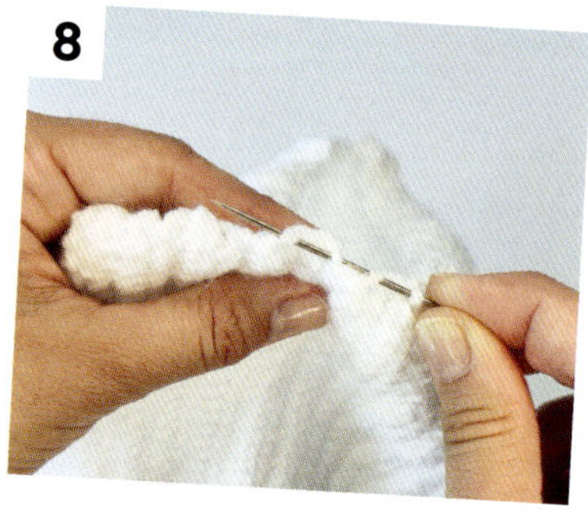

9

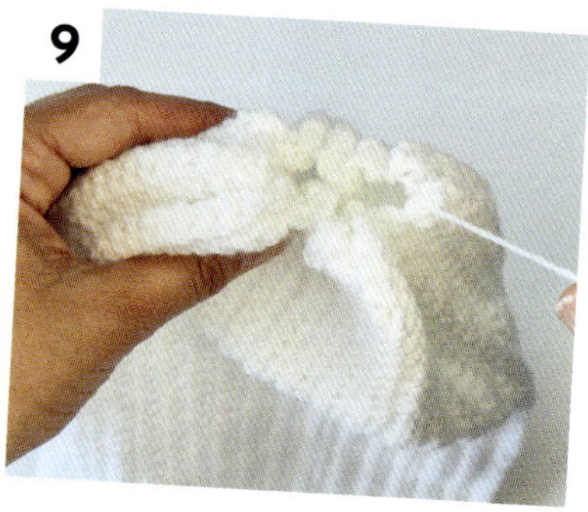

#ABOUT THERESA

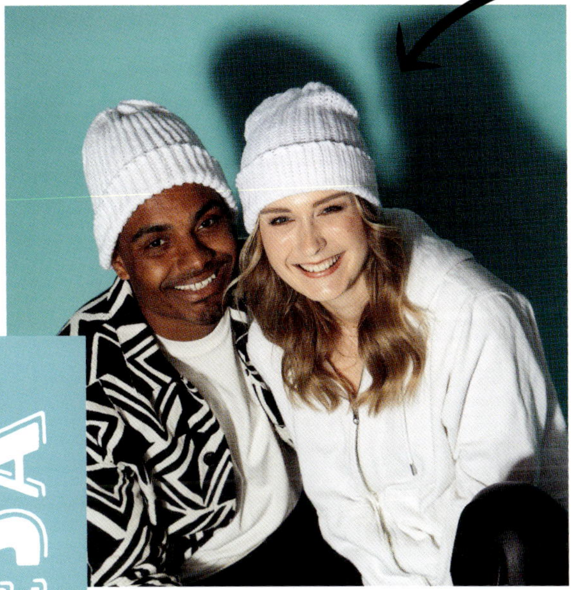

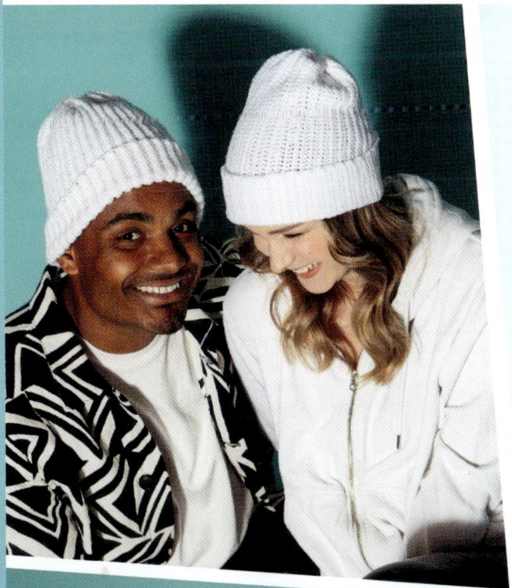

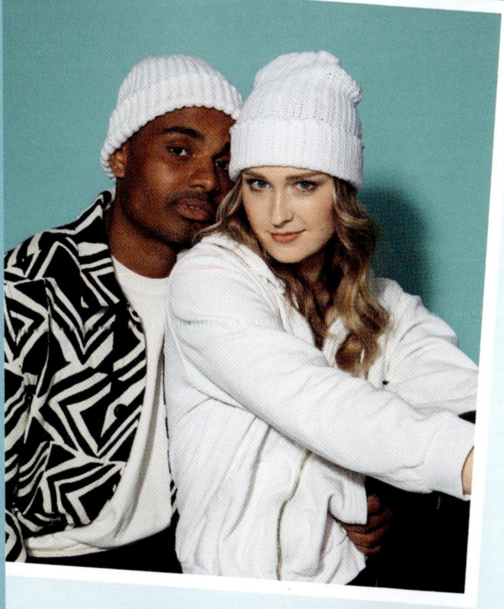

Partnerlook mit Bestie

Rick und ich sind sehr präsent auf Social Media, als WG & auch als beste Freunde. Kennengelernt haben wir uns in einem Club in München 2020 & seitdem sind wir unzertrennlich. Was mir in einer Freundschaft ganz besonders wichtig ist? Dass man sich immer aufeinander verlassen kann, sich alles erzählen kann & immer ehrlich zu dem anderen ist. Und gaaaaanz viel Lachen! Rick challengt mich immer wieder in seinen Youtube-Videos & bringt mich an meine Grenzen. Sei es, dass ich im Hochseilgarten in 23 Metern Höhe hänge oder mit Höhenangst im Schwimmbad vom Zehner springen soll. Bei uns ist immer was los & es wird nie langweilig. Häkle dir & deinem Bestie die Mütze und sag ihm damit, wie lieb du ihn oder sie hast.

Kuschelige HANDSTULPEN

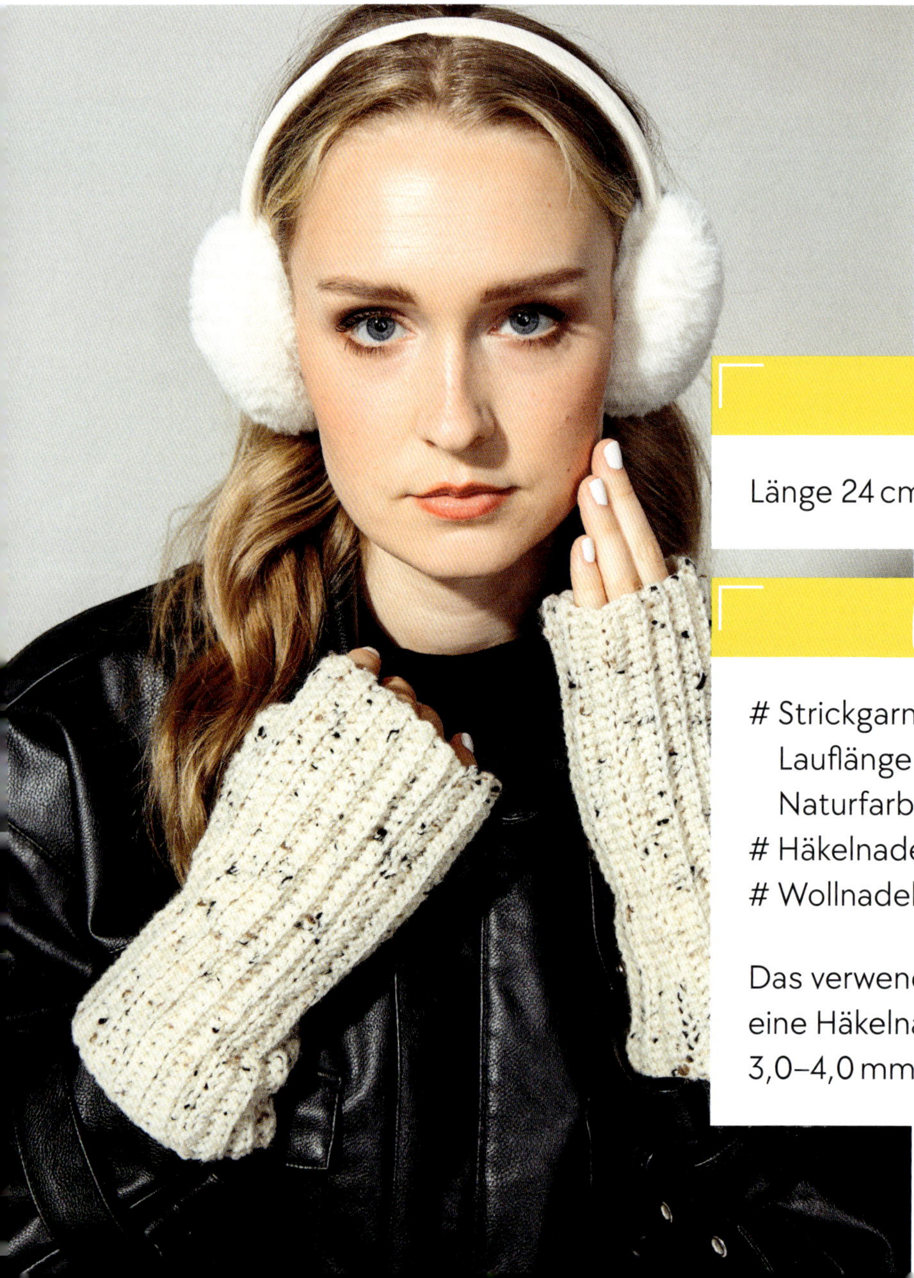

Größe

Länge 24 cm

Material

Strickgarn (100 % Polyacryl; Lauflänge 133 m/50 g) in Naturfarben Tweed, 100 g
Häkelnadel 4,0 mm
Wollnadel

Das verwendete Garn ist für eine Häkelnadel der Stärke 3,0–4,0 mm empfohlen.

So geht's:

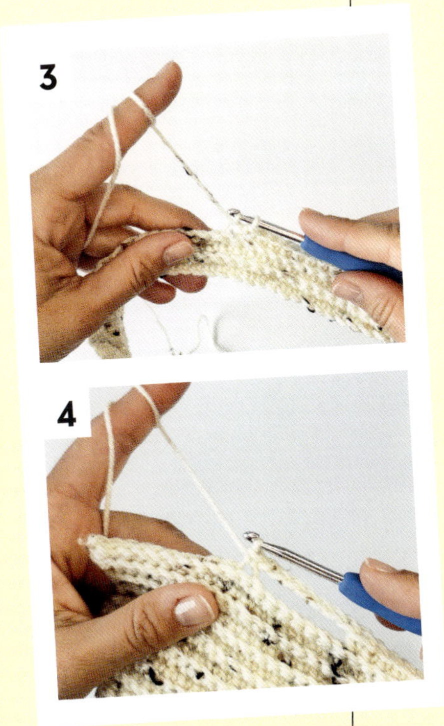

1 Häkle 40 Luftmaschen und 1 Wendeluftmasche. Das ist die spätere Länge der der Stulpen.

2 Häkle in der 1. Reihe in jede Luftmasche 1 feste Masche, beginne bei der 2. Luftmasche von der Nadel aus. Arbeite am Ende der Reihe 1 Wendeluftmasche und wende die Arbeit.

3 Häkle in der 2.–16. Reihe feste Maschen in die hinteren Maschenglieder. Schließe jede Reihe mit 1 Wendeluftmasche und wende die Arbeit.

4 Häkle in der 17. Reihe 22 feste Maschen, 7 Luftmaschen für die Daumenöffnung. Überspringe 7 Maschen, häkle 11 feste Maschen und 1 Wendeluftmasche. Arbeit wenden.

5 Häkle in der 18.–32. Reihe feste Maschen in die hinteren Maschenglieder. Schließe jede Reihe mit 1 Wendeluftmasche und wende die Arbeit. In der 32. Reihe lässt du die Wendeluftmasche weg. Zieh den Faden durch und schneide ihn lang ab. Du brauchst ihn zum Zusammennähen. Die 2. Stulpe häkelst du genauso.

Tipp

Halte dir die Stulpen zwischendurch um den Arm. Sind sie zu eng oder zu weit, häkelst du einfach 2 oder 4 Reihen mehr oder weniger. Damit die Stulpen nicht rutschen, sollten sie aber etwas enger als dein Armumfang sein.

6 Schlinge einen neuen Faden an der Daumenöffnung an. Die Daumenöffnung wird in Runden gehäkelt, das heißt, du schließt jede Runde mit 1 Kettmasche. Um das Muster fortzuführen, musst du auch hier nach jeder Runde die Arbeit wenden. Nach jeder Runde häkelst du 1 Wendeluftmasche; diese wird aber nicht als feste Masche gezählt.

7 Häkle in der 1.–7. Runde feste Maschen in die hinteren Maschenglieder. Schließe jede Runde mit 1 Kettmasche in die 1. feste Masche und wende die Arbeit. Insgesamt häkelst du 14 Maschen pro Runde. Nach der letzten Runde ziehst du den Faden durch und vernähst ihn.

8 Falte die Häkelstücke und lege die Kanten mit der „schönen" Seite aneinander. Achte darauf, dass die Maschen genau nebeneinanderliegen. Fädle den Faden auf die Wollnadel, stich durch je ein Maschenglied von zwei gegenüberliegenden Maschen und hole den Faden von links nach rechts durch …

9 … bei den nächsten beiden Maschen holst du den Faden von rechts nach links durch usw. Vernähe alle Fäden.

6

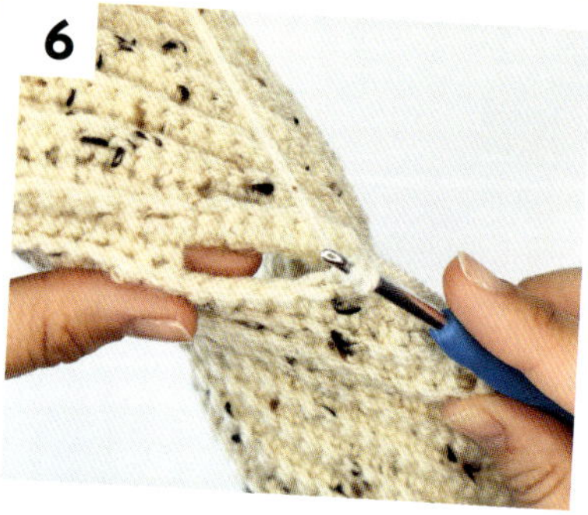

7

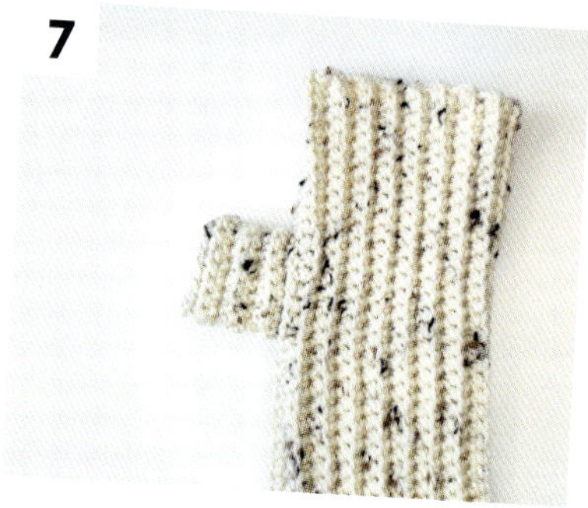

8

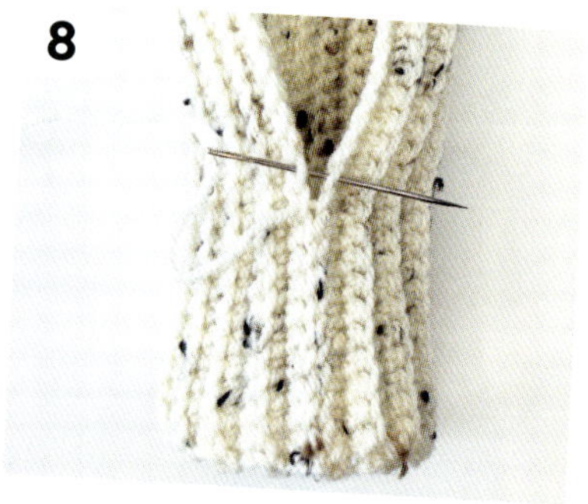

9

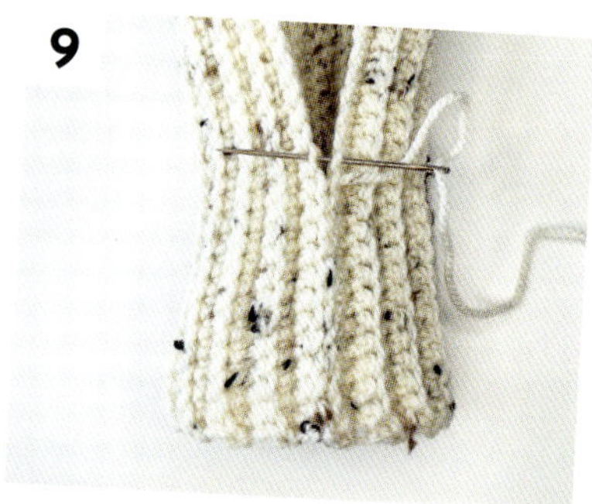

PROVENZALISCHE KARTOFFELSUPPE

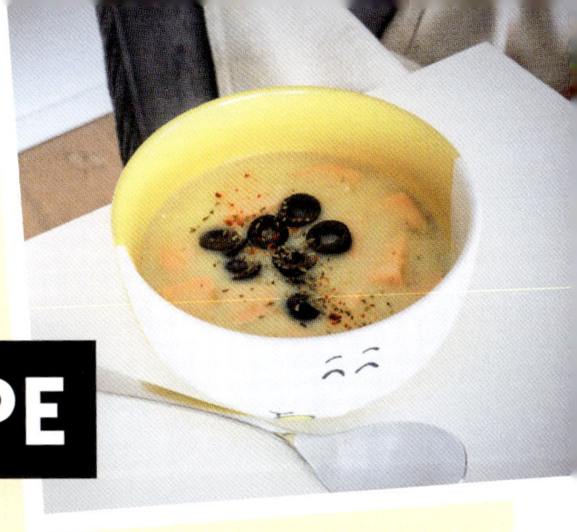

#THERESA KOCHT

Für 2 Portionen

8 große Kartoffeln (festkochend)
2 Zwiebeln
2 Knoblauchzehen
750 ml Gemüsebrühe
½ TL Kräuter der Provence
2–3 EL Kartoffelpüreepulver (Fertigprodukt)
2–3 EL Ziegenfrischkäse
2-3 Wiener Würstchen, vegetarisch
Salz
frisch gemahlener schwarzer Pfeffer
55 g schwarze oder grüne Oliven, entsteint

Wenn es im Winter draußen so richtig kalt ist, esse ich am liebsten diese cremige Kartoffelsuppe, um mich aufzuwärmen.

1 Die Kartoffeln schälen und würfeln. Zwiebeln und Knoblauchzehen schälen und hacken.

2 Die Gemüsebrühe in einem Topf aufkochen. Kartoffeln, Zwiebeln, Knoblauch und Kräuter der Provence zugeben. 10 Minuten bei mittlerer Hitze abgedeckt kochen.

3 Die Suppe pürieren, aber nicht zu fein! Einzelne Kartoffelstückchen sind das Highlight der Suppe.

4 Die Temperatur erhöhen. Das Kartoffelpüreepulver unterrühren und die Suppe 1 Minute kochen.

5 Den Frischkäse unterrühren, Würstchen in Scheiben schneiden und dazugeben. Suppe mit Salz und Pfeffer würzen. Vor dem Servieren die Oliven zufügen.

Coole

HANDTASCHE

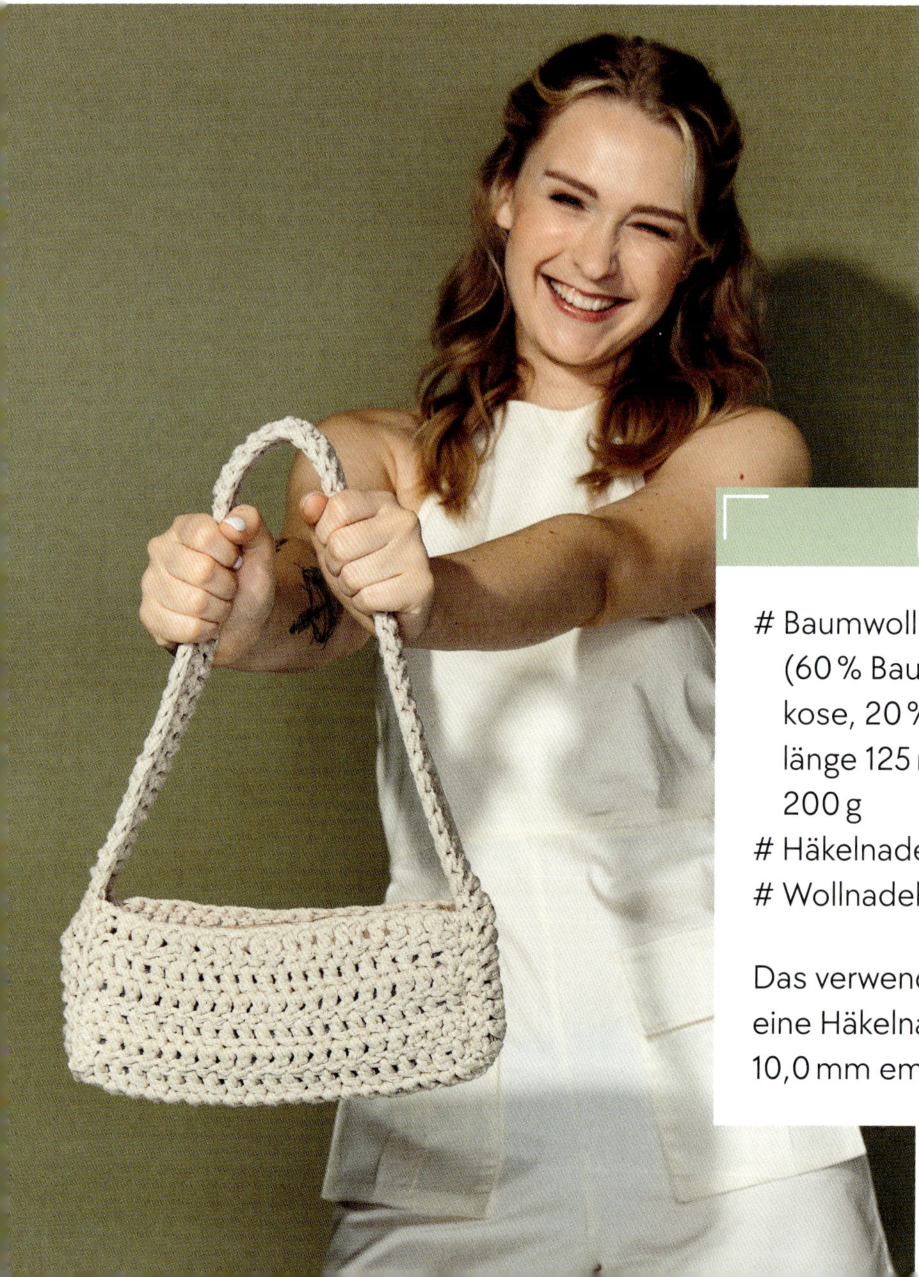

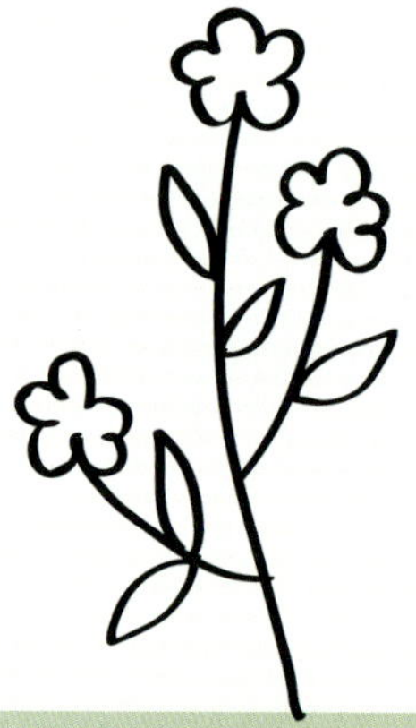

Material

- Baumwollmischgarn mit Lurex (60 % Baumwolle, 20 % Viskose, 20 % Polyester; Lauflänge 125 m/250 g) in Beige, 200 g
- Häkelnadel 10,0 mm
- Wollnadel

Das verwendete Garn ist für eine Häkelnadel der Stärke 10,0 mm empfohlen.

1

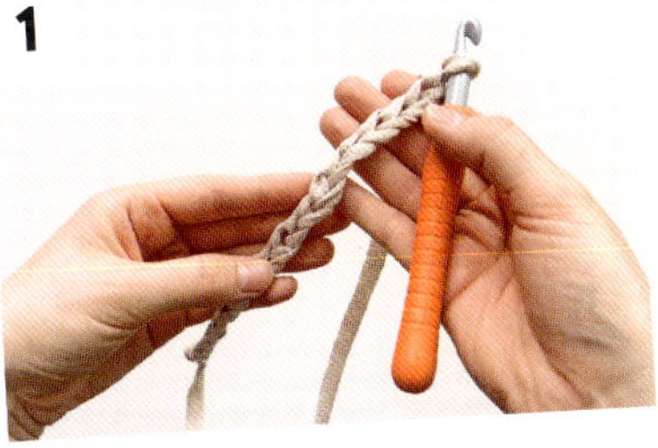

2

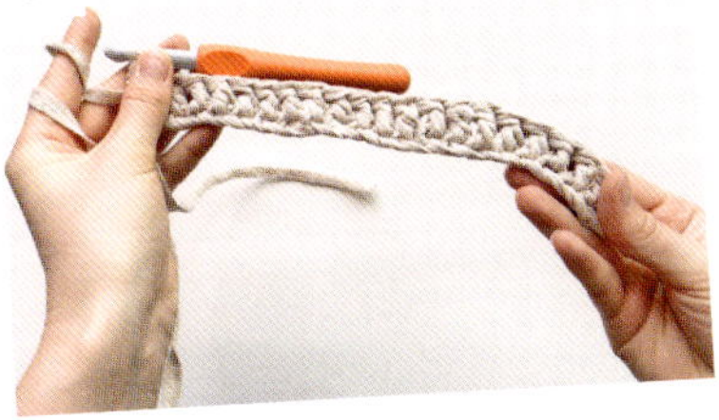

3

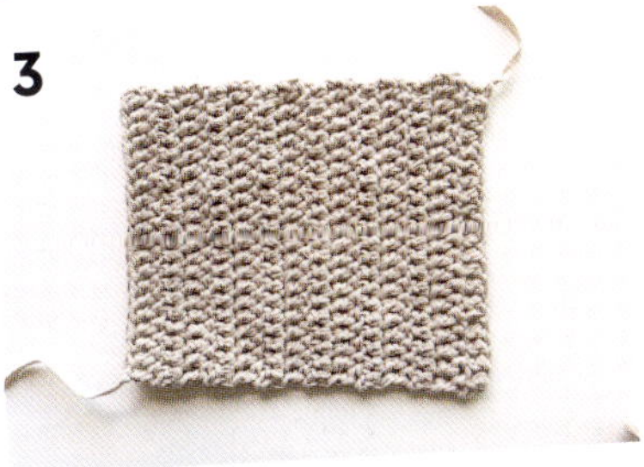

4

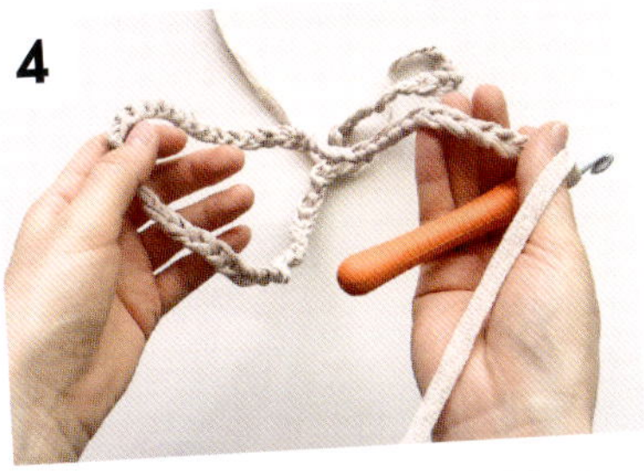

5

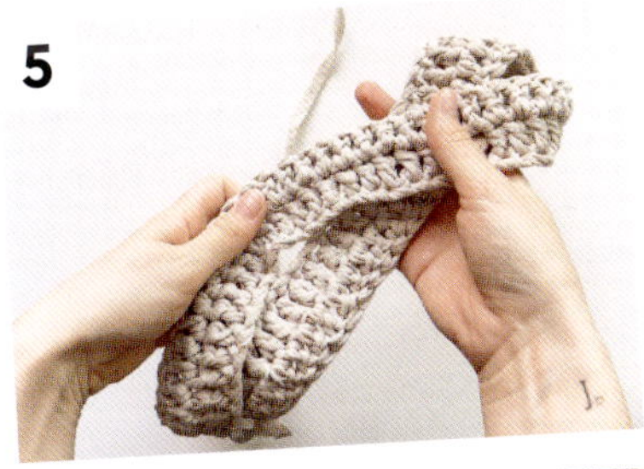

6

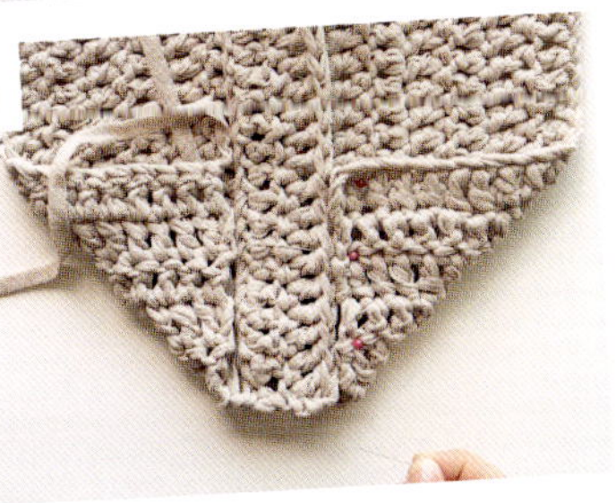

So geht's:

1 Häkle 20 Luftmaschen und 2 Wendeluftmaschen.

2 Stich in die 20. Masche der Luftmaschenkette ein und häkle dort das 1. Stäbchen. Häkle in die restlichen Luftmaschen ebenfalls jeweils 1 Stäbchen. So sollte es dann aussehen.

3 Häkle 2 Luftmaschen, wende die Arbeit und häkle in jede Masche 1 Stäbchen. Häkle weiter, bis du 14 Reihen mit Stäbchen gehäkelt hast. Zieh den Faden durch und schneide ihn ab. So sollte es nun aussehen.

4 Für den Riemen häkelst du 70 Luftmaschen. Falls du den Riemen länger oder kürzer haben möchtest, häkelst du einfach mehr oder weniger Maschen.

5 Häkle 3 Reihen Stäbchen. Zieh den Faden durch und schneide ihn ab.

6 Lege das Häkelstück für die Tasche flach auf die Arbeitsfläche. Ein Ende des Riemens legst du in der Mitte einer Seite bündig an. Klappe die Ecken des Taschenstücks zum Riemen. Die Kanten sollten auf einer Höhe liegen. Fixiere den Riemen mit Stecknadeln an den Taschenkanten.

7 Fädle Garn auf die Wollnadel und nähe das Ende des Riemens an den Taschenboden. Stich dazu immer die Nadel durch beide Lagen, …

8 … zieh den Faden nicht ganz durch, sondern fädle die Nadel erneut durch die Schlinge und zieh den Faden erst dann fest.

9 An den Seiten nähst du den Riemen nacheinander genauso an.

10 Nähe anschließend das andere Ende des Riemens auf der anderen Seite der Tasche fest.

11 Vernähe alle Fäden und wende die Tasche, damit die schöne Seite außen ist.

7

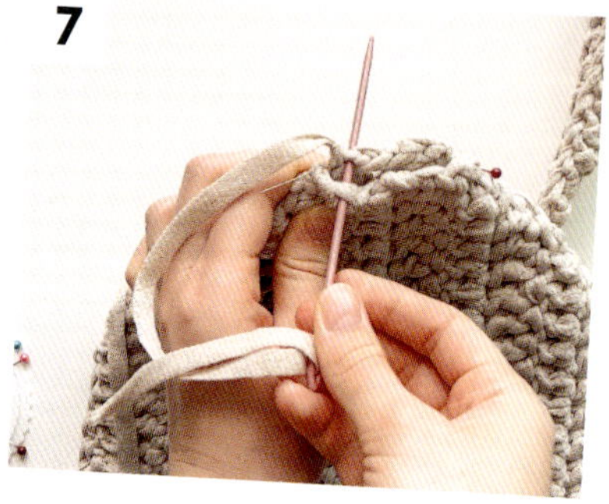

8

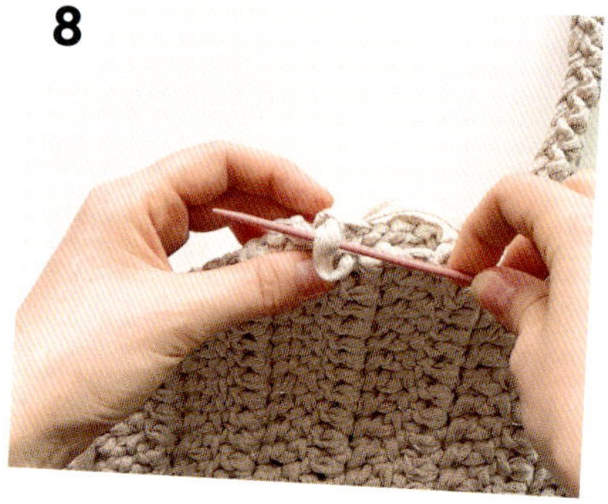

9

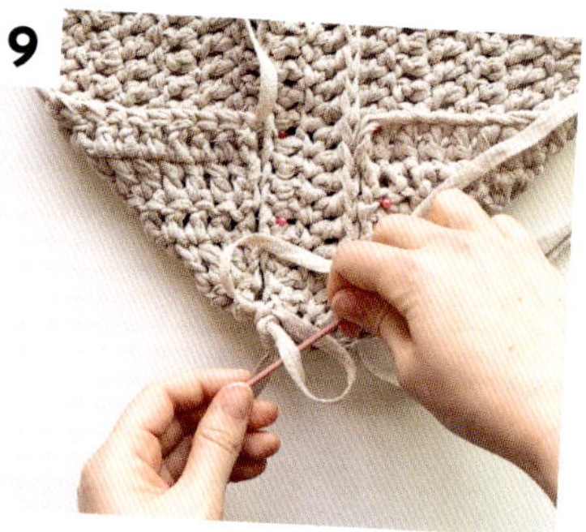

10

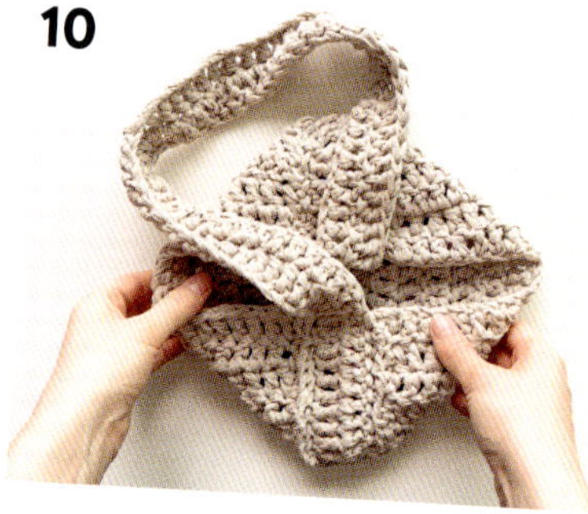

11

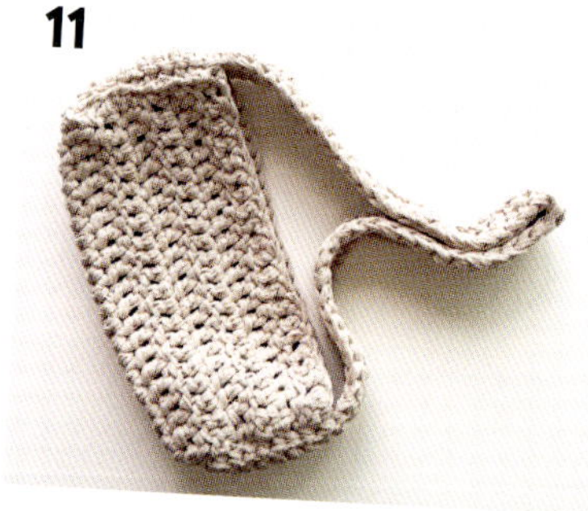

ABOUT THERESA

What's in my bag?

An allererster Stelle und auf jeden Fall mein Handy – ohne das geht gar nichts! Immer mit dabei hab' ich aber auch eine Haarbürste, Tampons (für den Notfall), selbstverständlich eine Häkelnadel, einen Scrunchie, falls die Haare mal wieder im Gesicht hängen, & für mich auch ganz wichtig: mein Autoschlüssel.

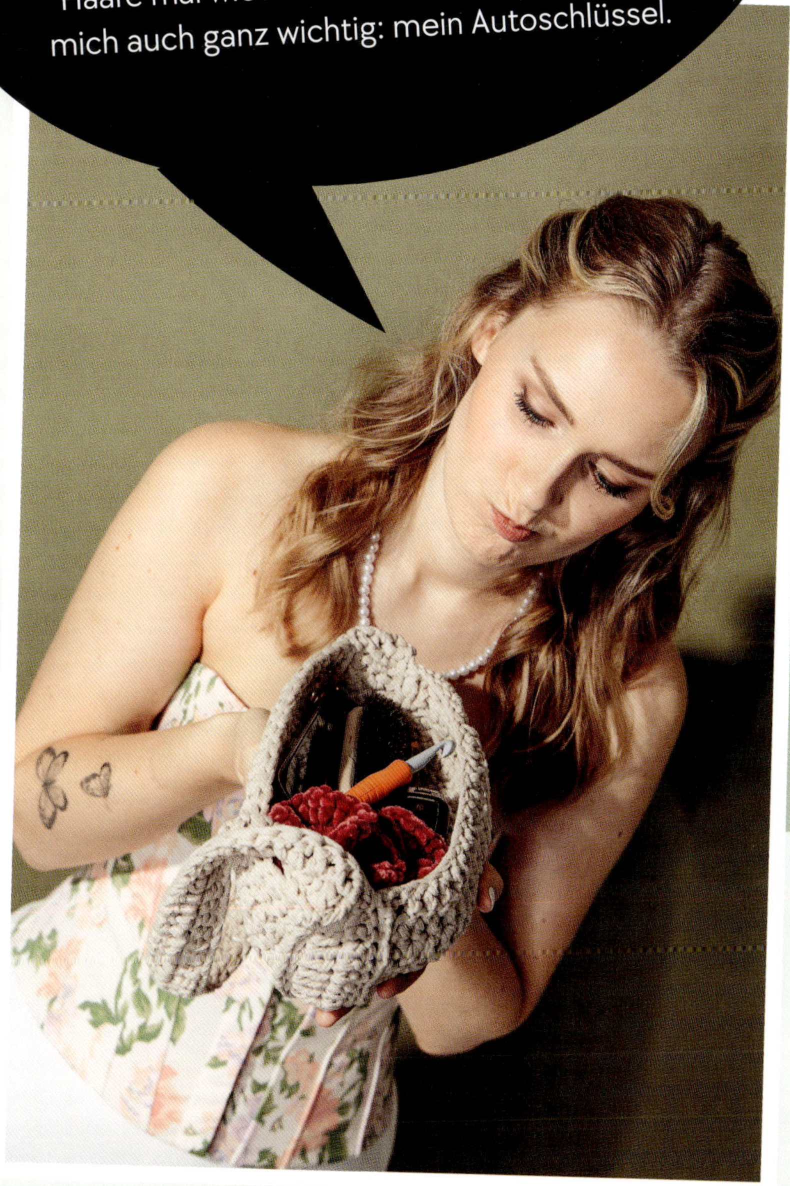

Praktischer UNTERSETZER

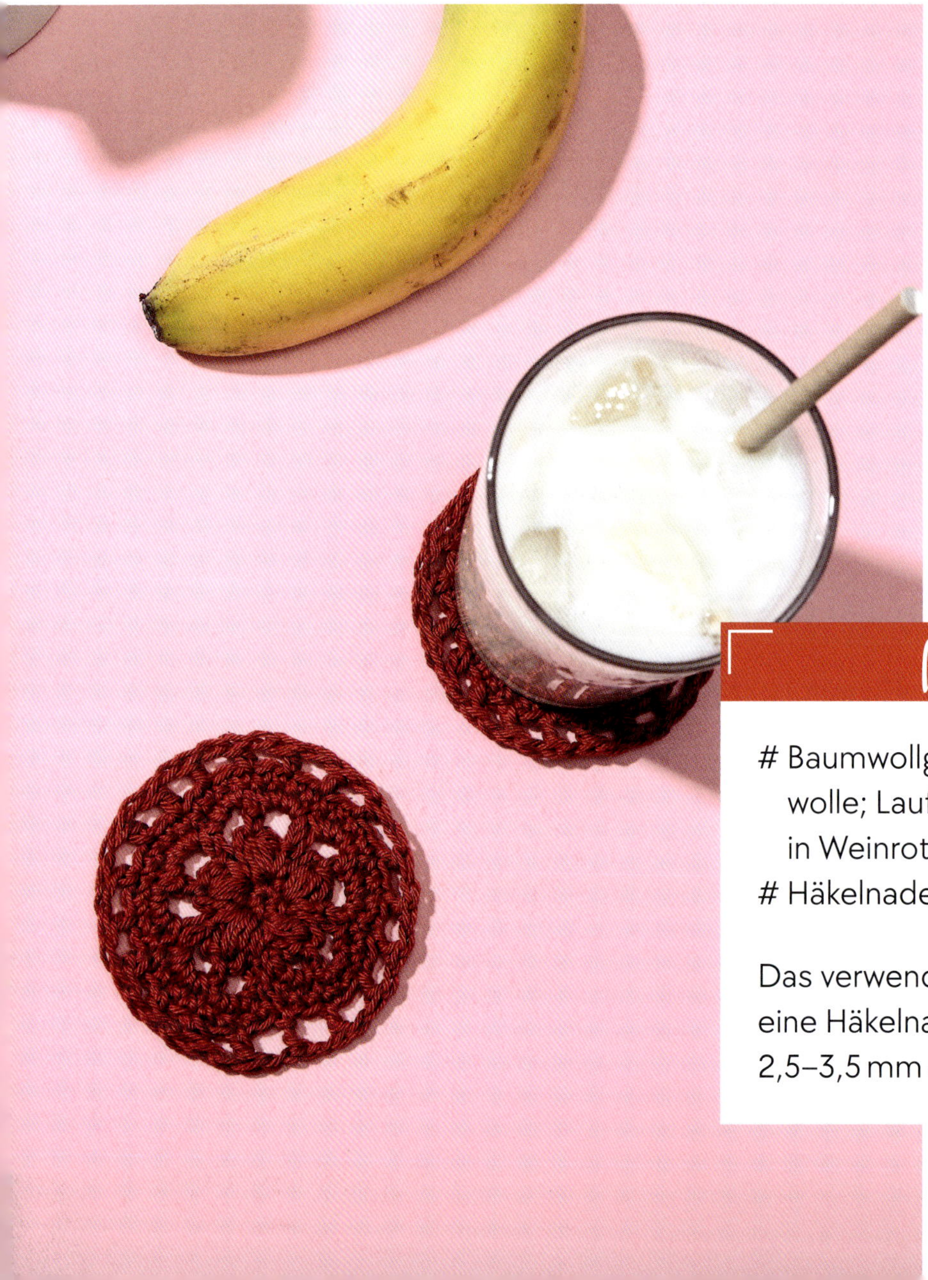

Material

Baumwollgarn (100 % Baumwolle; Lauflänge 125 m/50 g) in Weinrot, 50 g
Häkelnadel 2,75 mm

Das verwendete Garn ist für eine Häkelnadel der Stärke 2,5–3,5 mm empfohlen.

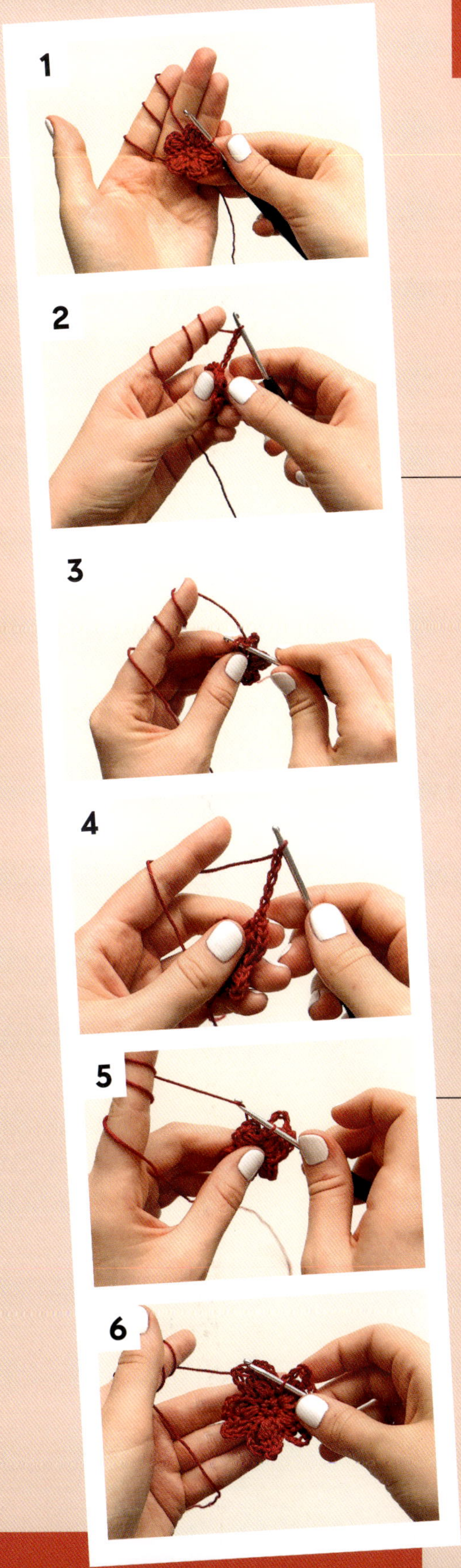

So geht's:

1 Häkle eine Blume (siehe Seite 27–29). Schneide den Faden aber nicht ab.

2 Wenn du die Blume fertig hast, häkelst du als Nächstes 5 Luftmaschen.

3 Stich in die Mitte eines Blütenblatts ein und häkle 1 feste Masche.

4 Häkle erneut 5 Luftmaschen.

5 Stich nun zwischen zwei Blütenblätter ein und häkle 1 Kettmasche.

6 Wiederhole Schritt 2–5 bei jedem Blütenblatt. So sollte es jetzt aussehen.

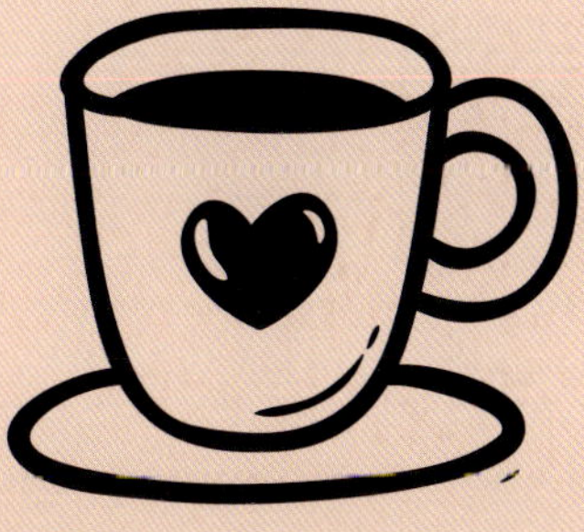

7 Häkle um jede gehäkelte Schlaufe aus der Vorrunde 4 feste Maschen. Wenn du am Ende der Runde angekommen bist, häkelst du 1 Kettmasche. So sollte es nun aussehen.

8 Zum Schluss häkelst du 1 Runde feste Maschen und beendest die Runde mit 1 Kettmasche.

9 Die letzte Runde beginnst du mit 4 Luftmaschen.

10 Lass 1 Masche aus und häkle in die 2. Masche 1 Stäbchen.

11 Häkle 1 Luftmasche, ...

12 ... lass wieder 1 Masche aus und häkle in die darauffolgende Masche 1 Stäbchen. So häkelst du die ganze Runde. Beende die Runde mit 1 Kettmasche. Zieh den Faden durch, schneide ihn ab und vernähe alle Fäden.

7

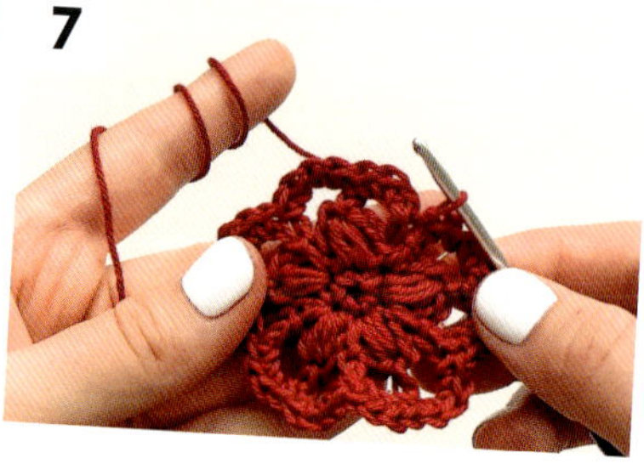

8

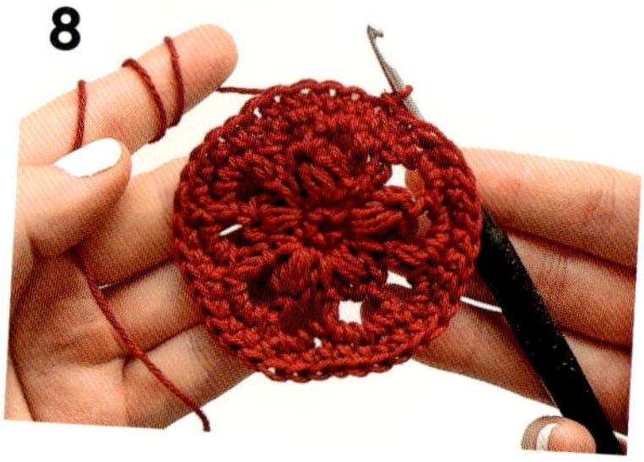

9

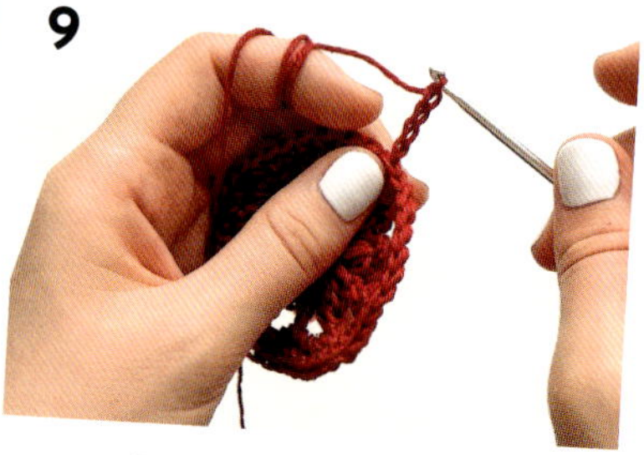

10

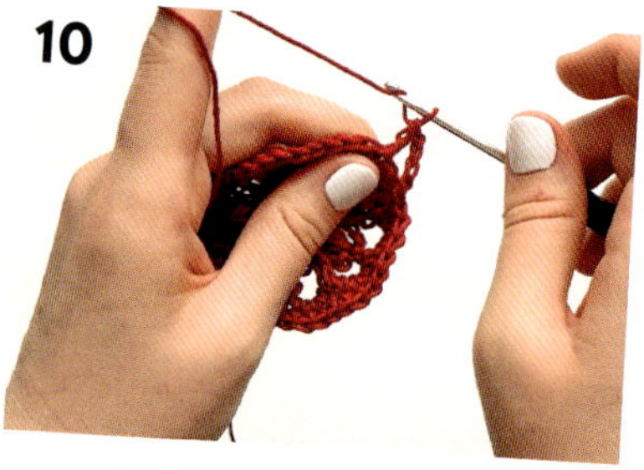

11

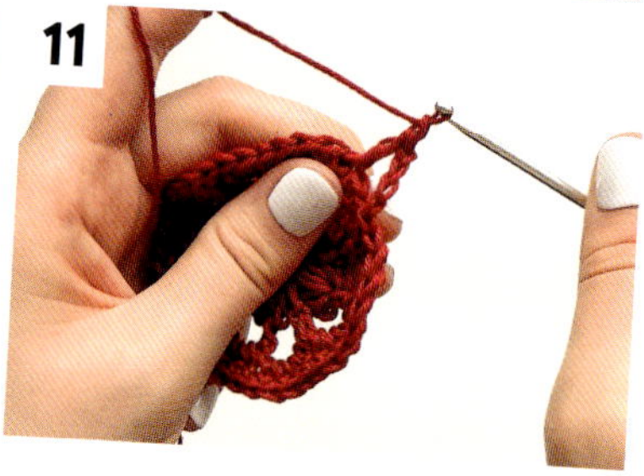

12

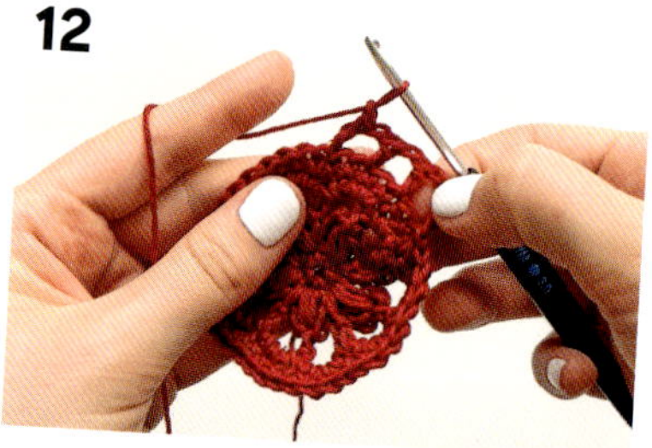

ICED BANANA SHAKE

THERESA MIXT

Für 2 Portionen

2 reife Bananen
400 ml Sojamilch, alternativ jede andere Milch
ca. 15 Eiswürfel

Das ist mein absolutes Lieblingsgetränk! Der Shake geht blitzschnell & kommt ganz ohne zusätzlichen Zucker aus. Ob Sommer oder Winter – der Shake geht für mich immer & zu jeder Jahreszeit.

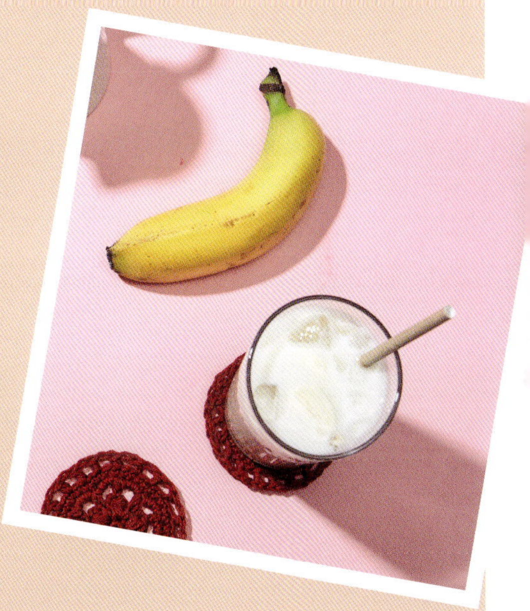

1. Bananen schälen, in Stücke schneiden und mit der Milch im Mixer pürieren.

2. Shake auf zwei Gläser verteilen, Eiswürfel zugeben und genießen!

Tipp

Wenn du keinen Mixer oder Pürierstab hast, kannst du die Bananen auch mit einer Gabel zerdrücken.

Trendy
BUCKET HAT

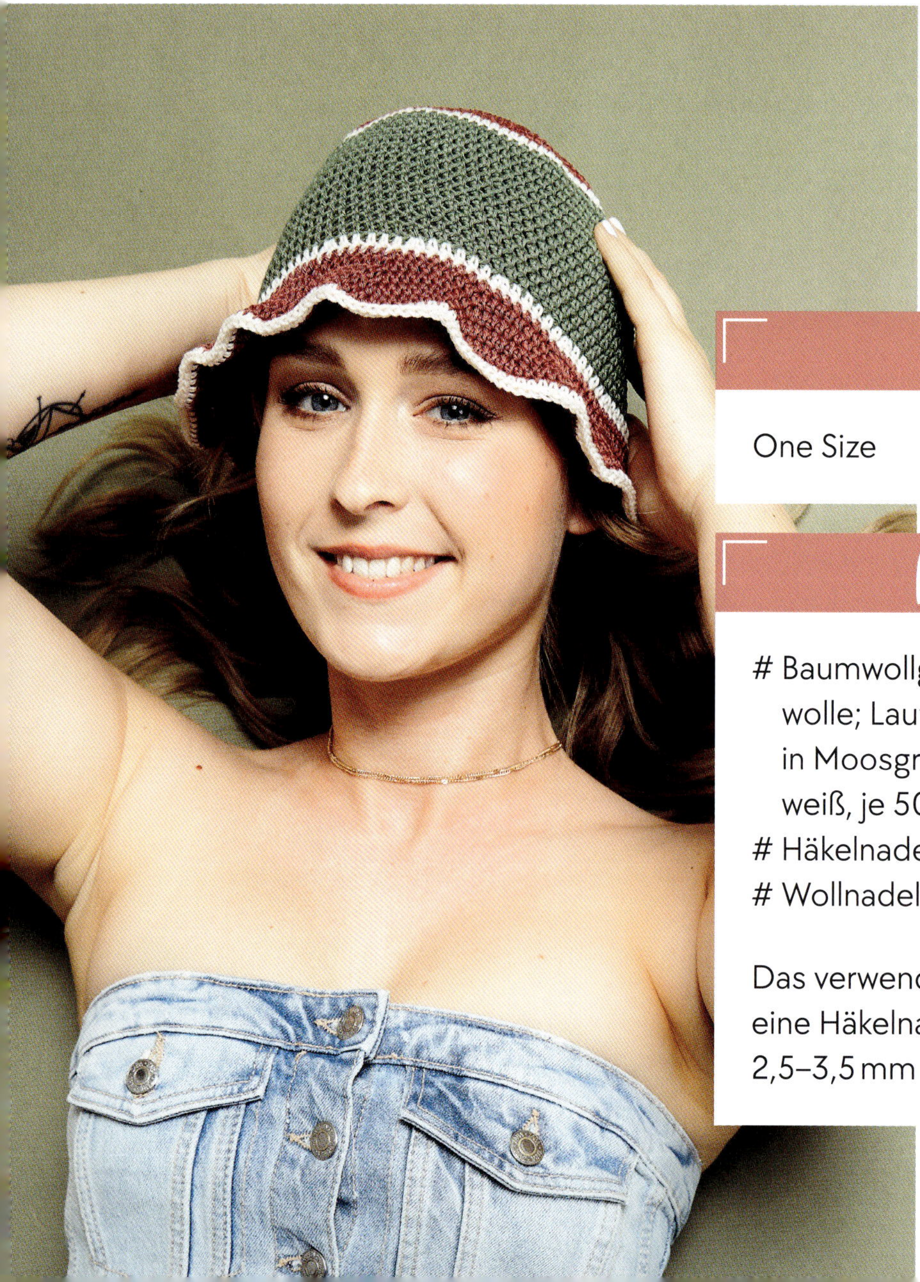

Größe

One Size

Material

Baumwollgarn (100 % Baumwolle; Lauflänge 125 m/50 g) in Moosgrün, Rot und Naturweiß, je 50 g
Häkelnadel 3,5 mm
Wollnadel

Das verwendete Garn ist für eine Häkelnadel der Stärke 2,5–3,5 mm empfohlen.

So geht's:

Arbeite einen magischen Ring in Rot. In den Ring häkelst du 32 Runden.

1. Runde: Häkle 2 Luftmaschen (sie zählen am Anfang immer als das 1. halbe Stäbchen), 8 halbe Stäbchen. Die Runde schließt du, indem du 1 Kettmasche in die 2. Luftmasche vom Rundenbeginn häkelst (= 9 Maschen).

2. Runde: Häkle 2 Luftmaschen für das 1. halbe Stäbchen und verdopple alle halben Stäbchen. Du häkelst also immer 2 halbe Stäbchen in die Masche der Vorrunde. Die Runde schließt du mit 1 Kettmasche (= 18 Maschen).

3. Runde: Häkle 2 Luftmaschen, verdoppele jedes 2. halbe Stäbchen und schließe die Runde mit 1 Kettmasche (= 27 Maschen).

4. Runde: Häkle 2 Luftmaschen, verdoppele jedes 3. halbe Stäbchen und schließe die Runde mit 1 Kettmasche (= 36 Maschen).

5. Runde: Häkle 2 Luftmaschen, verdoppele jedes 4. halbe Stäbchen und schließe die Runde mit 1 Kettmasche (= 45 Maschen).

6. Runde: Häkle 2 Luftmaschen, verdoppele jedes 5. halbe Stäbchen und schließe die Runde mit 1 Kettmasche (= 54 Maschen).

7. Runde: Häkle 2 Luftmaschen, verdoppele jedes 6. halbe Stäbchen und schließe die Runde mit 1 Kettmasche (= 63 Maschen).

Wie gelingt der unsichtbare Farbwechsel?

Wenn du die Farbe wechselst, maschst du die letzte Masche der alten Farbe schon mit der neuen Farbe ab. Das heißt, du häkelst das letzte halbe Stäbchen zum Beispiel in Rot, holst dann aber den weißen Faden und ziehst ihn durch die Maschen. So ist der Farbübergang unsichtbar.

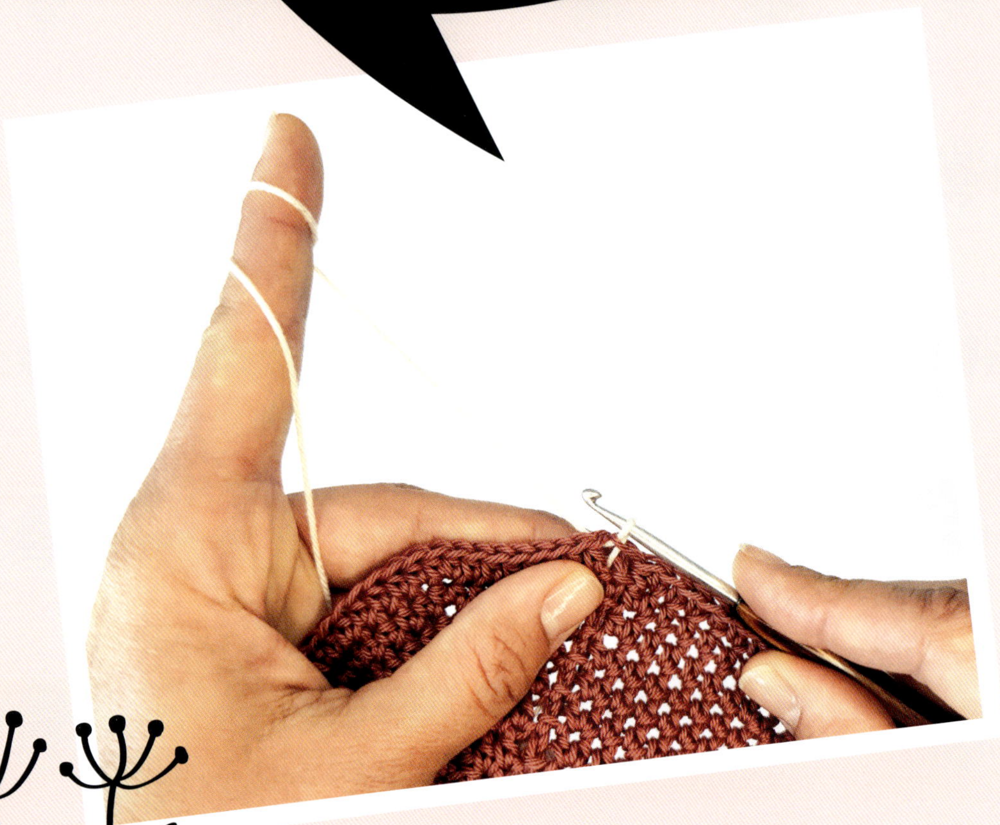

8. Runde: Häkle 2 Luftmaschen, verdoppele jedes 7. halbe Stäbchen und schließe die Runde mit 1 Kettmasche (= 72 Maschen).

9. Runde: Häkle 2 Luftmaschen, verdoppele jedes 8. halbe Stäbchen und schließe die Runde mit 1 Kettmasche (= 81 Maschen).

10. Runde: Häkle 2 Luftmaschen, verdoppele jedes 9. halbe Stäbchen und schließe die Runde mit 1 Kettmasche (= 90 Maschen).

11. Runde: Die Zunahmen sind beendet. Arbeite nun mit Naturweiß weiter. Häkele 2 Luftmaschen, dann in jede Masche 1 halbes Stäbchen. Schließe die Runde mit 1 Kettmasche (= 90 Maschen).

12.–25. Runde: Arbeite mit Moosgrün weiter. Häkle 2 Luftmaschen, dann in jede Masche 1 halbes Stäbchen. Schließe die Runde mit 1 Kettmasche (= 90 Maschen).

Für die Hutkrempe werden nun wieder Maschen zugenommen.

26. Runde: Arbeite mit Naturweiß weiter. Häkle 2 Luftmaschen, verdoppele jedes 6. halbe Stäbchen und schließe die Runde mit 1 Kettmasche (= 105 Maschen).

27. Runde: Arbeite mit Rot weiter. Häkle 2 Luftmaschen, verdoppele jedes 7. halbe Stäbchen und schließe die Runde mit 1 Kettmasche (= 120 Maschen).

28. Runde: Häkle 2 Luftmaschen, verdoppele jedes 8. halbe Stäbchen und schließe die Runde mit 1 Kettmasche (= 135 Maschen).

29. Runde: Häkle 2 Luftmaschen, verdoppele jedes 9. halbe Stäbchen und schließe die Runde mit 1 Kettmasche (= 150 Maschen).

30. Runde: Häkle 2 Luftmaschen, verdoppele jedes 10. halbe Stäbchen und schließe die Runde mit 1 Kettmasche (= 165 Maschen).

31. Runde: Häkle 2 Luftmaschen, verdoppele jedes 11. halbe Stäbchen und schließe die Runde mit 1 Kettmasche (= 180 Maschen).

32. Runde: Arbeite mit Naturweiß weiter. Häkle 2 Luftmaschen, dann in jede Masche 1 halbes Stäbchen. Schließe die Runde mit 1 Kettmasche (= 180 Maschen). Zieh den Faden durch und schneide ihn ab. Vernähe alle Fäden.

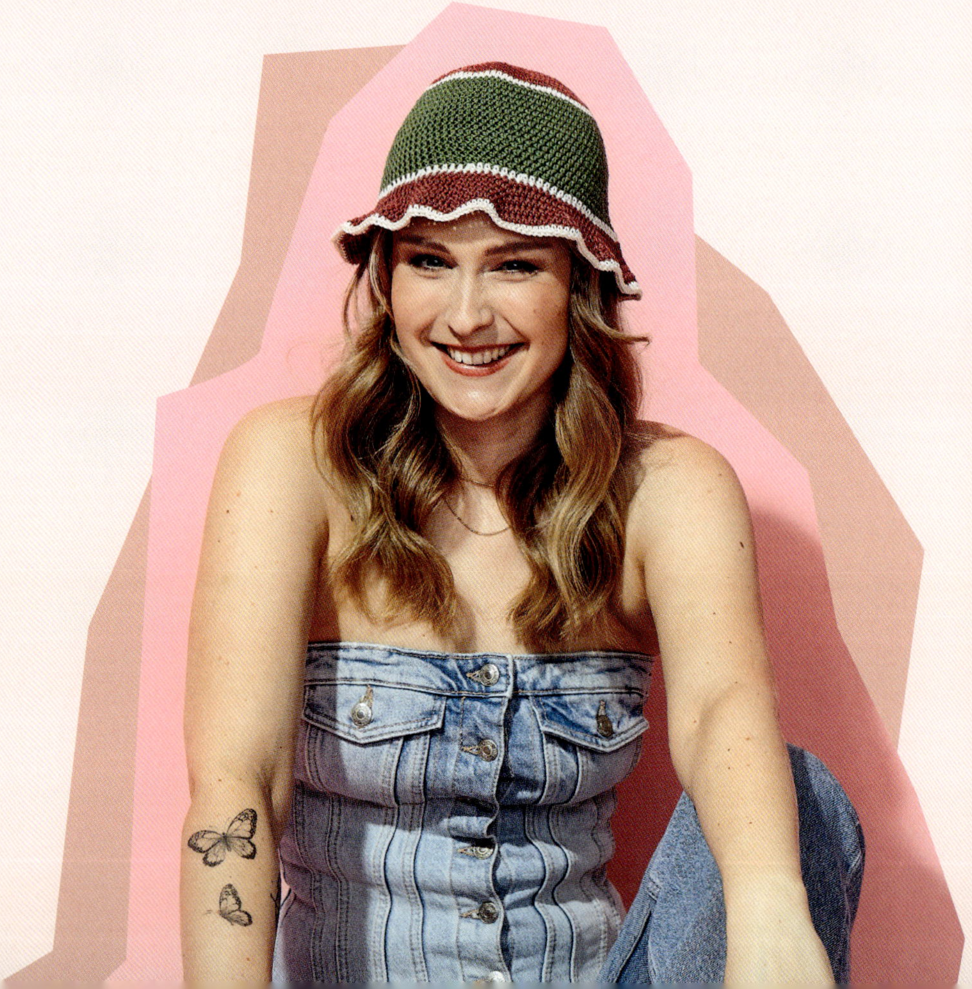

SO SCHÜTZE ICH MICH IM SOMMER

THERESAS TIPPS

Ich hatte mit 13 mal einen Sonnenstich. Da war ich den ganzen Tag lang in der Sonne & hatte meinen Kopf nicht bedeckt. Mir ging es damals ziemlich bescheiden! Deshalb hier meine Tipps, um Sonnenbrand & Sonnenstich möglichst zu vermeiden:

1. Ich bedecke immer meinen Kopf! Mit einem stylischen **Sonnenhut** kann das auch ein Upgrade für mein Outfit sein.

2. Man soll ja allgemein **viel trinken**, aber an heißen Tagen trinke ich besonders viel, da der Körper mehr Flüssigkeit übers Schwitzen verliert.

3. Bei Hitze halte ich mich möglichst im **Schatten** auf.

4. **Creme mit Lichtschutzfaktor** verwende ich eigentlich das ganze Jahr über. Ich benutze aber auf jeden Fall Sonnencreme, wenn ich der Sonne direkt ausgesetzt bin.

BUCHEMPFEHLUNGEN FÜR DICH

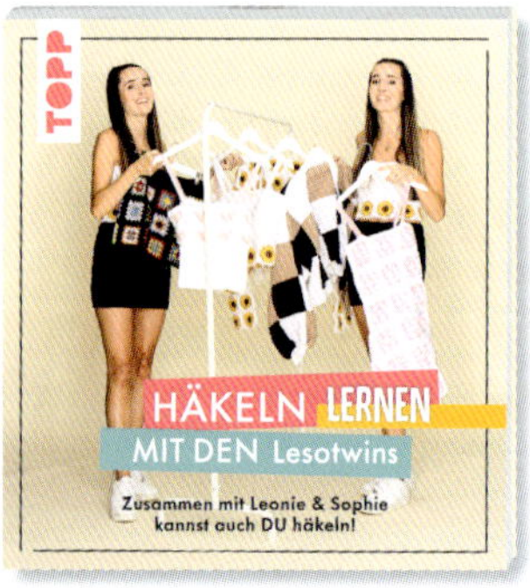

ISBN 978-3-7358-7138-1

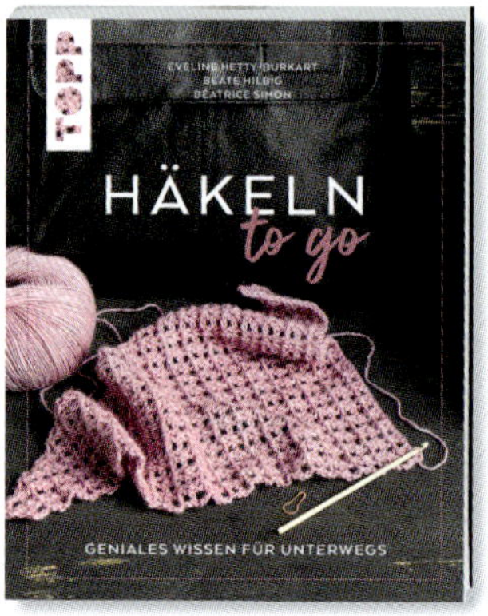

ISBN 978-3-7358-7112-1

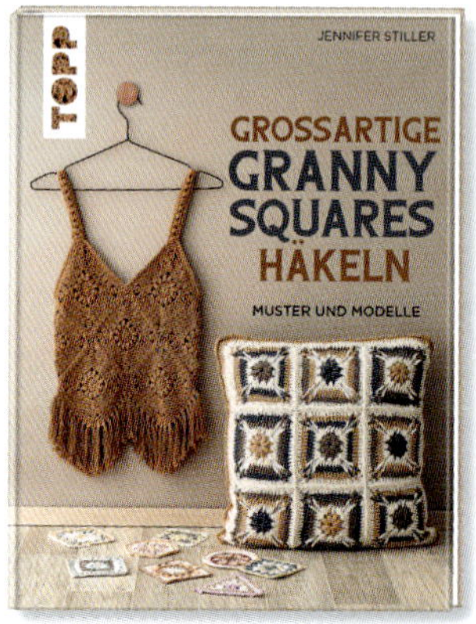

ISBN 978-3-7358-7043-8

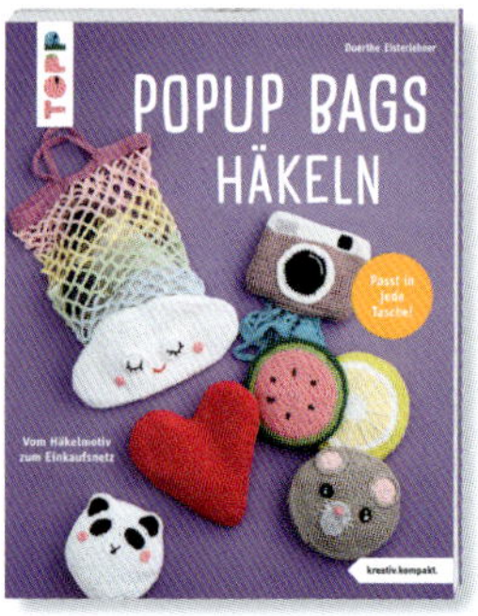

ISBN 978-3-7358-7215-9

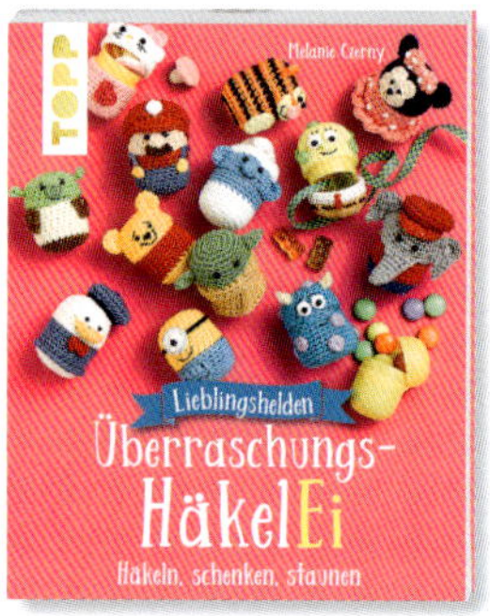

ISBN 978-3-7358-7110-7

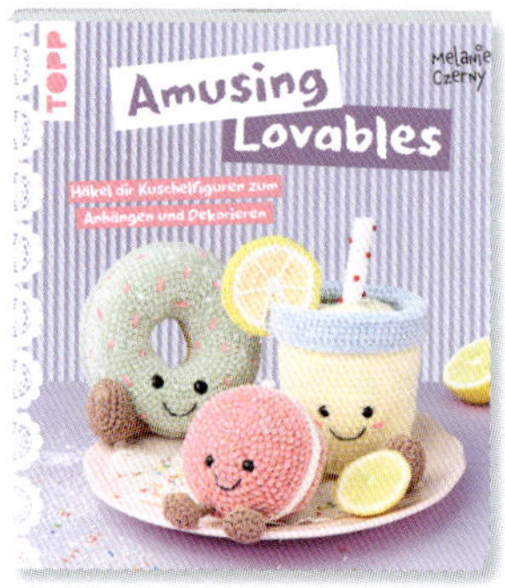

ISBN 978-3-7358-7221-0

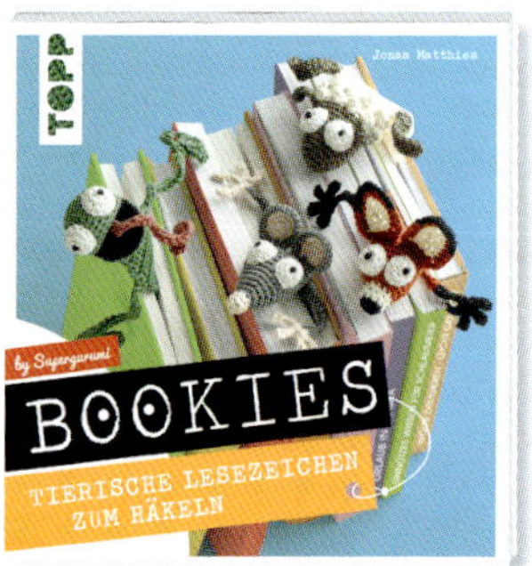

ISBN 978-3-7724-8127-7

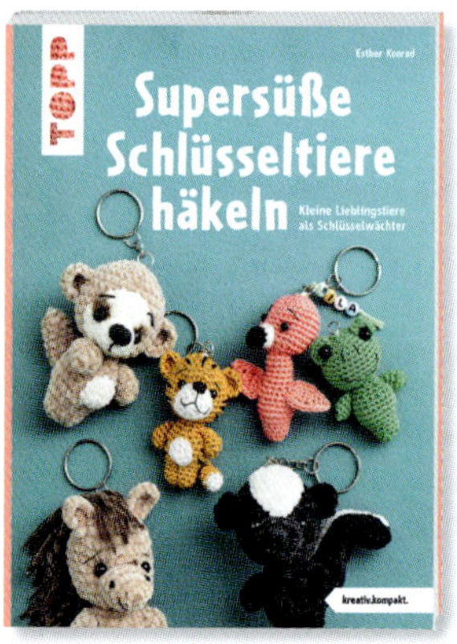

ISBN 978-3-7358-7050-6

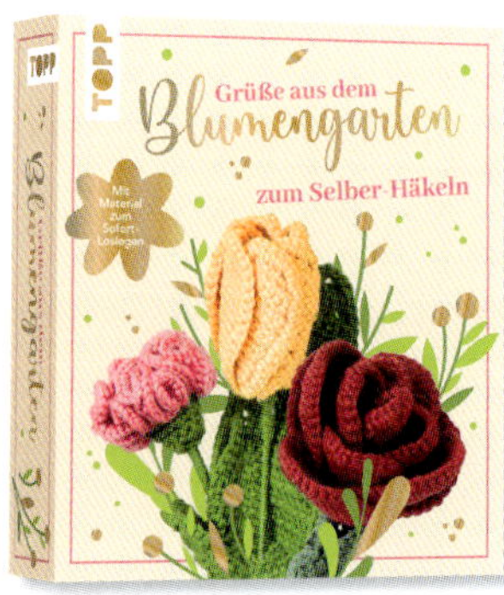

GTIN 4007742187538

Viele weitere Kreativ-Bücher findest du auf www.TOPP-kreativ.de

#TOPPPROJEKT

Die eigene Kreativität zeigen: TOPPprojekt mit anderen Kreativen teilen und Teil der Gemeinschaft werden.

DIY-begeistert und auf Instagram? Dann unbedingt mitmachen! Hier gibt's Tipps und Feedback zu den eigenen Projekten. Außerdem verlosen wir jeden Monat ein Überraschungspaket. Um am Gewinnspiel teilzunehmen, einfach ein Bild vom Kreativ-Projekt aus unseren Büchern mit #TOPPprojekt posten und unserem Account @frechverlag folgen. Mehr Infos auf TOPP-kreativ.de/TOPPprojekt

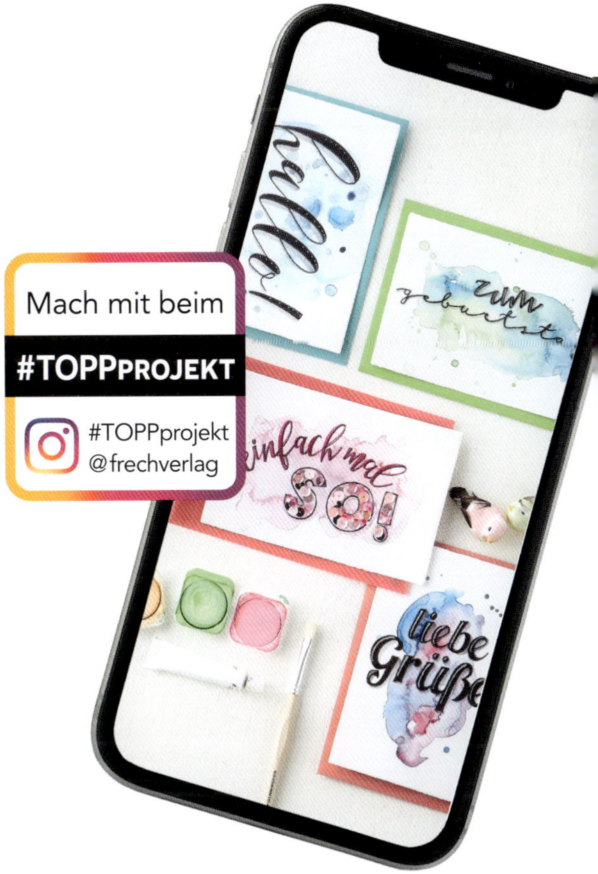

Website

Auf TOPP-kreativ.de kannst du ein riesiges Angebot von über 1.000 Kreativbüchern, Sets & mehr entdecken.

Newsletter

Gleich anmelden unter: TOPP-kreativ.de/newsletter und immer als Erstes von unseren Neuheiten und Sonderaktionen erfahren.

Instagram

@frechverlag

Pinterest

pinterest.com/frechverlag

Facebook

facebook.com/frechverlag

DigiBib

Hier findest du zusätzlich zu vielen unserer Bücher digitale Extras, wie Video-Tutorials, Plotter-Dateien, Vorlagen, Übungsblätter & vieles mehr. Einfach im Impressum deines TOPP-Buchs den Freischalte-Code nachschlagen und exklusive Inhalte freischalten. TOPP-kreativ.de/digibib

Youtube

youtube.com/frechverlag

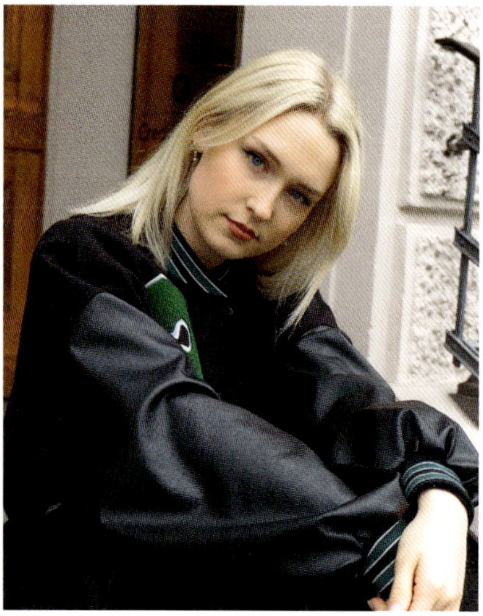

DIE AUTORIN

Theresa Kirchner ist eine deutsche Influencerin, deren Content sich vor allem um Trends, DIYs und ihr Lieblingshobby Häkeln dreht. Seit 2020 begeistert sie täglich mehrere Millionen Zuschauer und lässt sie an ihren kreativen Projekten teilhaben. Mit 16 entdeckte sie ihre Leidenschaft fürs Häkeln und zeigt auf ihren Kanälen, dass das nicht nur was für Omas ist.

Impressum

FOTOS: Aljoscha Laschgari (Autorenbild); Theresa Kirchner (Schrittbilder, S. 77, S. 91); frechverlag GmbH, 70839 Gerlingen; lichtpunkt, Michael Ruder, Stuttgart (alle übrigen)
PRODUKTMANAGEMENT: Cora Friedrich
LEKTORAT: Christine Schlitt
COVER: Eva Hook
HERSTELLUNG UND LAYOUT: Heike Köhl
SATZ: Bernadett Linseisen (schere.style.papier), München
DRUCK UND BINDUNG: BALTO print, Litauen

5. Auflage 2026

ISBN 978-3-7358-9088-7 · Best.-Nr. 29088

SERVICE-HOTLINE

Hast du Fragen oder gibt es ein Problem? Wir helfen dir gern. Ruf uns an oder schreib uns eine E-Mail:
Telefon: **0711 / 123 757 20***
*normale Telefongebühren
E-Mail: hilfe@frechverlag.de
Weitere Informationen zum Verlag und zu unserem gesamten Programm findest du unter: **www.topp-kreativ.de**